バケツ稲 12ヵ月のカリキュラム

農文協

目次

●バケツ稲から広がる授業づくり12ヵ月

表紙デザイン・守谷義明＋六月舎／レイアウト・新制作社

コラム

すぐに役立つ情報コーナー

絵：トミタ・イチロー

根腐れを防ぐバケツの工夫

稲を下のような容器で栽培すると、田んぼと比べれば大きくない容量の容器を使うので、古い水が腐って、有害なガスを出したり、酸素不足になったりして、根腐れを起こしやすいという欠点があります。

稲を栽培するいろいろな容器と根腐れを防ぐ工夫

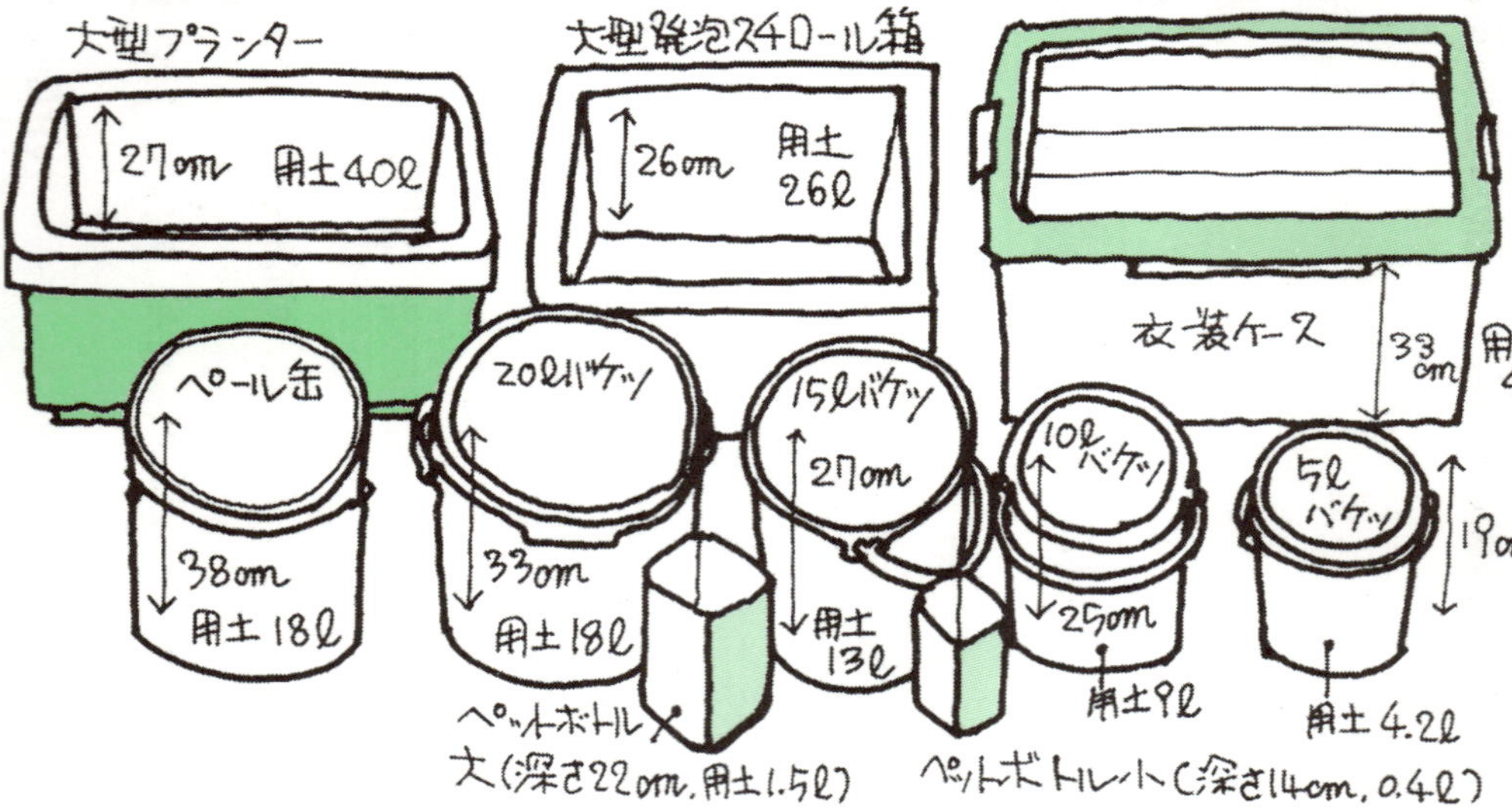

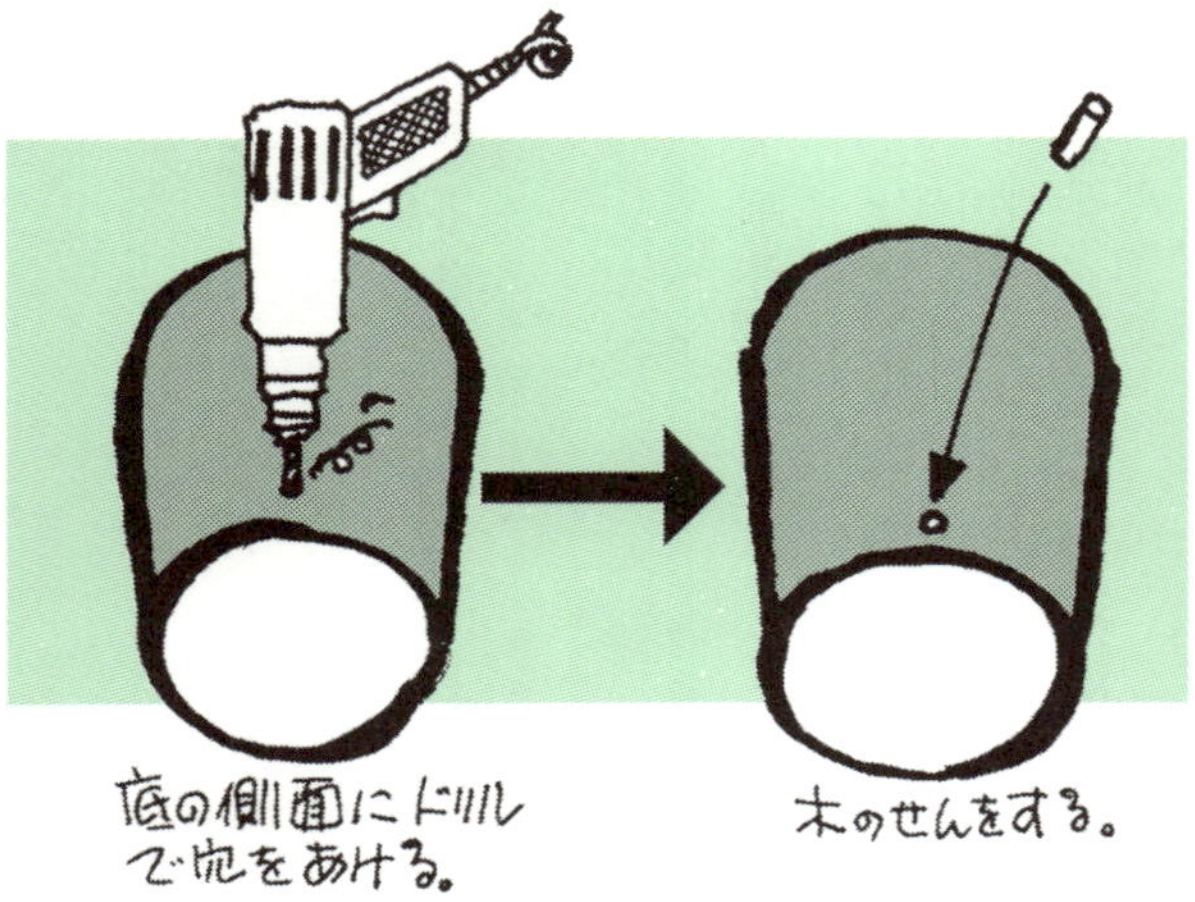

排水穴で根を元気に

根腐れを起こしやすいという欠点を克服するために、バケツなどの容器の底に近い側面に、木工用のドリルで5mmくらいの穴をあけ、底から水が出せるようにする。根が弱りそうなとき、底から古い水を抜いて新しい水を入れれば、根も元気になる。

手づくり道具アイデア集

1週間に1回、排水せんを抜いて水がえ

７月になると根もトグロを巻くくらいになる。根腐れが起こりやすくなるので、７月に入ったら、週に１回は排水せんを抜いて底にたまった水を抜き、新しい水に入れかえたい。これから収穫間際まで、週１回夕方にせんを抜き、次の日の朝早くせんをして、新しい水をかけるとよい。

容器の中でトグロを巻いている稲の根　（撮影：赤松富仁）

健康な稲の根(左)は白く根毛が多いが、根腐れすると(右)黒くなり、根毛も少ない。
（撮影：赤松富仁）

写真でわかるぼくらのイネつくり２『田植えと育ち』　農文協刊、本体1800円　より

教室にミニ田んぼ水族館を

横浜市立下永谷小学校　尾上伸一

メダカやヤゴなど田んぼの生きものを教室の中で飼育すると、捕食や変態、ふ化といった生態を間近に見ることができ、子どもたちの目もくぎづけになります。田んぼの生きものは飼いやすく、特別な飼育器具は必要ありません。

水田の環境をヒントに、ペットボトルなどの廃材や安価な衣装ケース、タッパーなどを利用して「田んぼ水族館」をつくってみましょう。

●田んぼ水族館の設計例

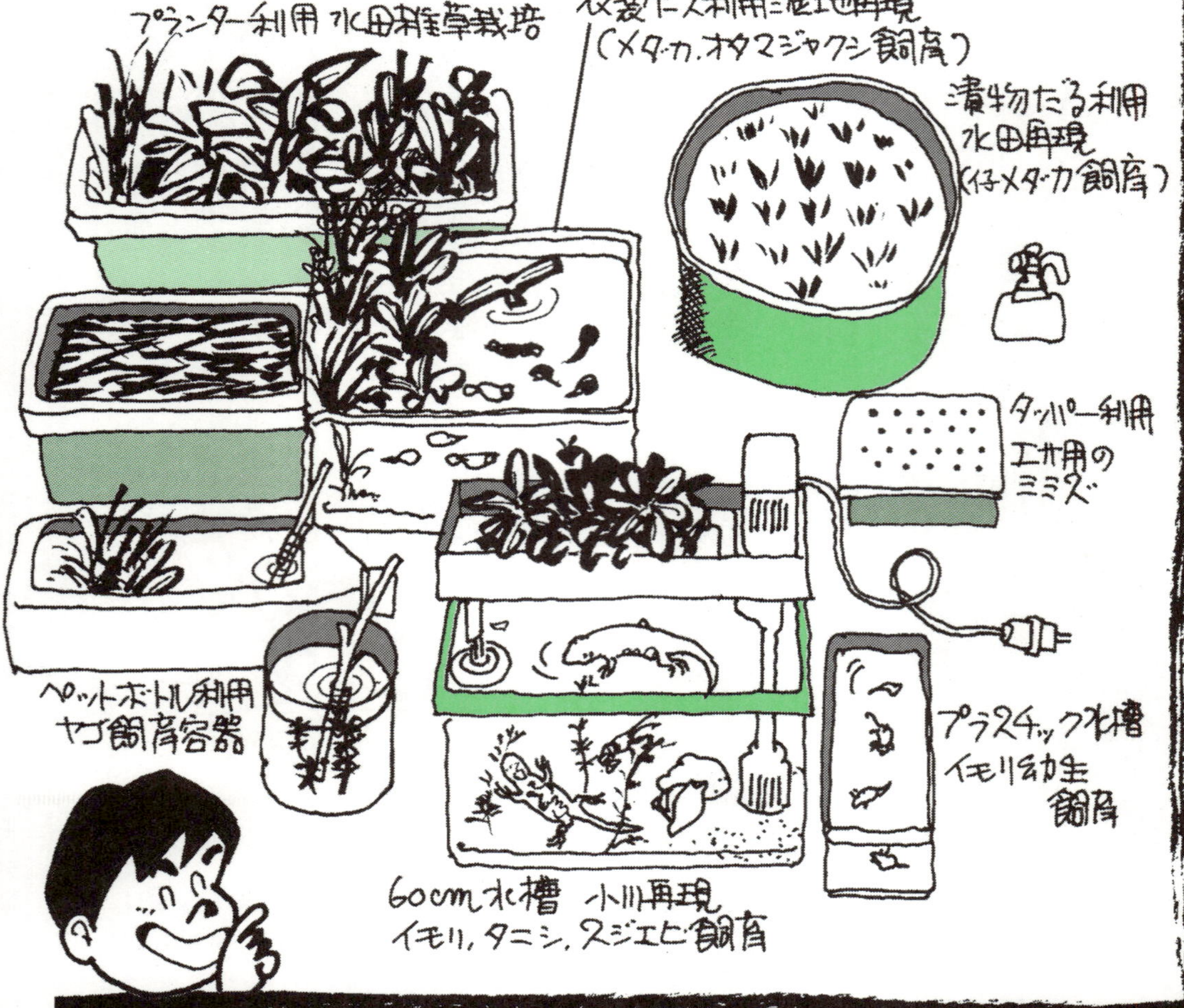

ペットボトル利用ヤゴ飼育容器

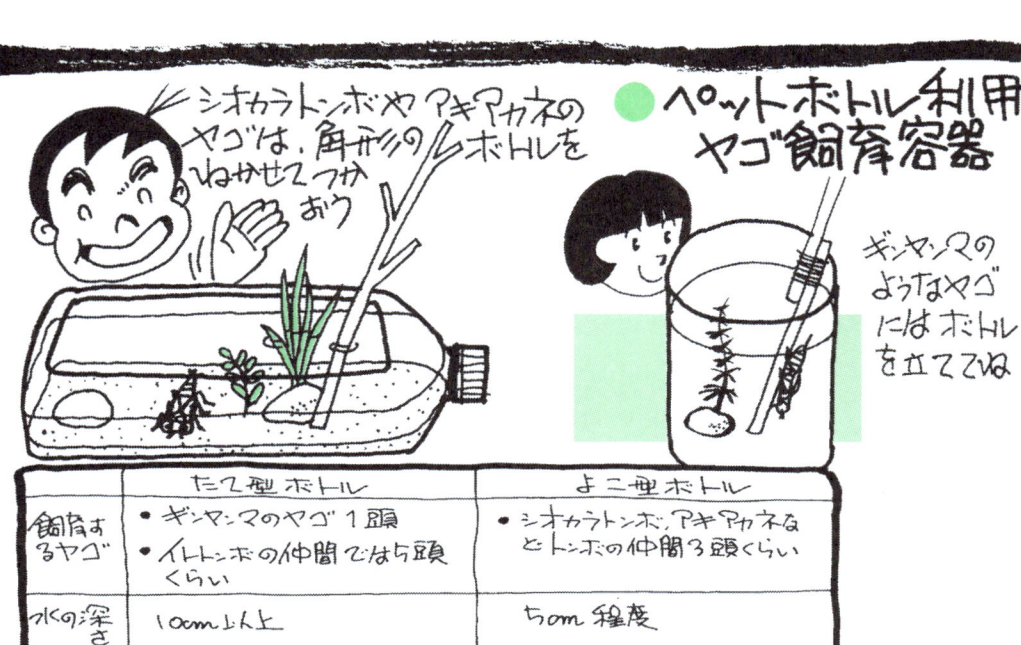

	たて型ボトル	よこ型ボトル
飼育するヤゴ	・ギンヤンマのヤゴ1頭 ・イトトンボの仲間では5頭くらい	・シオカラトンボ、アキアカネなどトンボの仲間3頭くらい
水の深さ	10cm以上	5cm程度
底砂	とくに必要ない	川砂(目の細かいもの)をうすく敷く。
生活空間	ペットショップで売っているカナダモなどの水草を入れる。	石を入れる。ツユクサ、クレソンなどを入れておくと隠れ場所になる。
登り木	ペットボトルの水面上20cmくらい、羽化のときの足場となる木を出しておく。枯れ枝のほか、割りばしを2本つないだものでも代用できる。	
置き場所	一日中、日の当たるような場所をさけ、明るい窓辺に置く。	

衣装ケース利用湿地

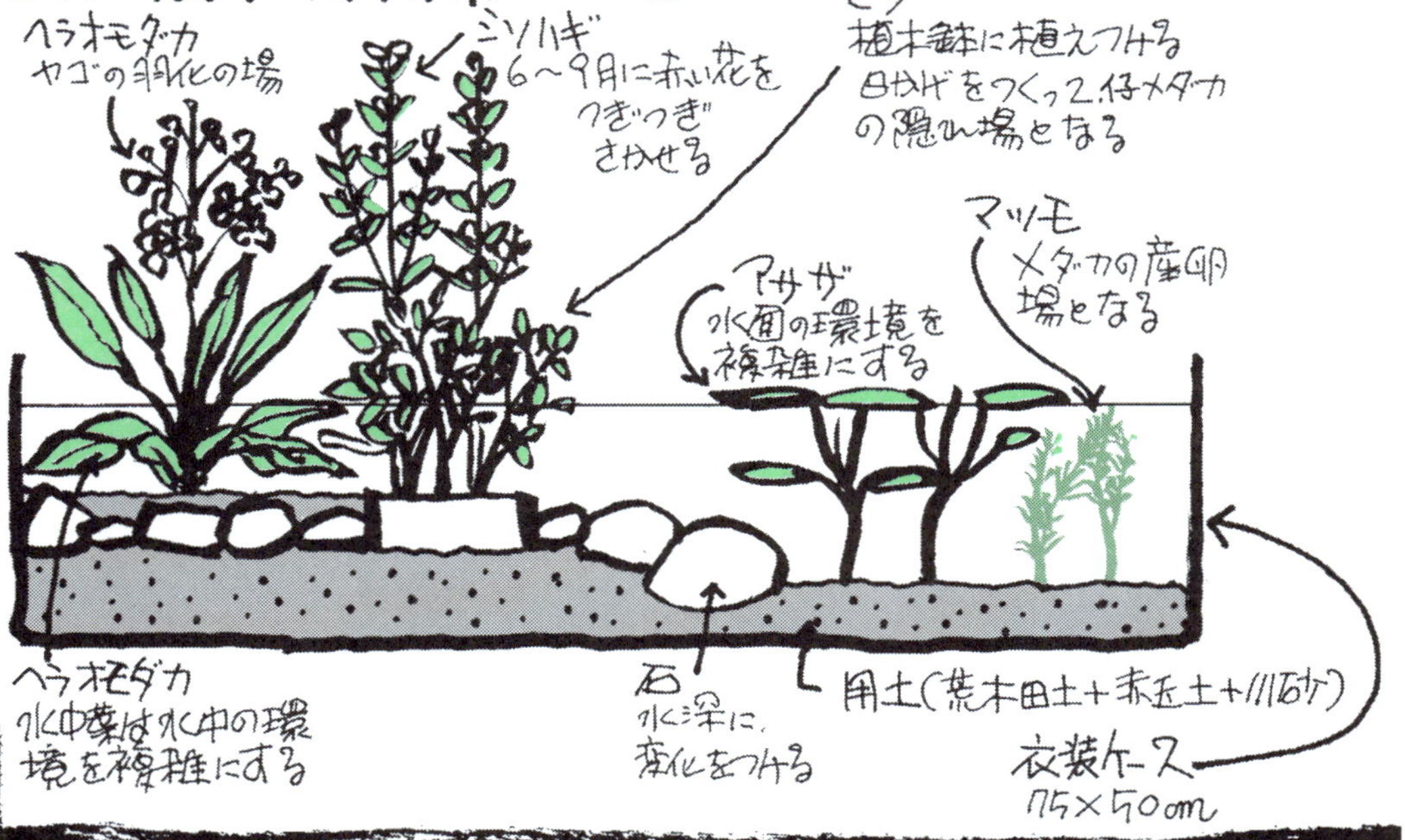

夏をのりきる水やり作戦

浜松市立新津中学校　竹村久生

夏休み。イネはぐんぐん大きくなります。葉からの蒸散も激しくなり、１日１回の水やりでも間に合わないことも。
そこで、水を常に供給し、水を切ったり土に空気を送り込むこともできるような工夫を、子どもたちといっしょに考えてみましょう。

バケツに穴を

思いきって10mmほどの大きな穴を数ヵ所あける

ポイント
ラブシート（不織布）を敷き、土や根が出ないようにする

アイデア①
用水路をつくる

プールの排水路やU字溝など

植物の成長や季節に合わせて水の高さを変えてやる

中干しのときは バケツを水から上げよう

せきとめる

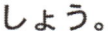

アイデア②

ため池をつくる

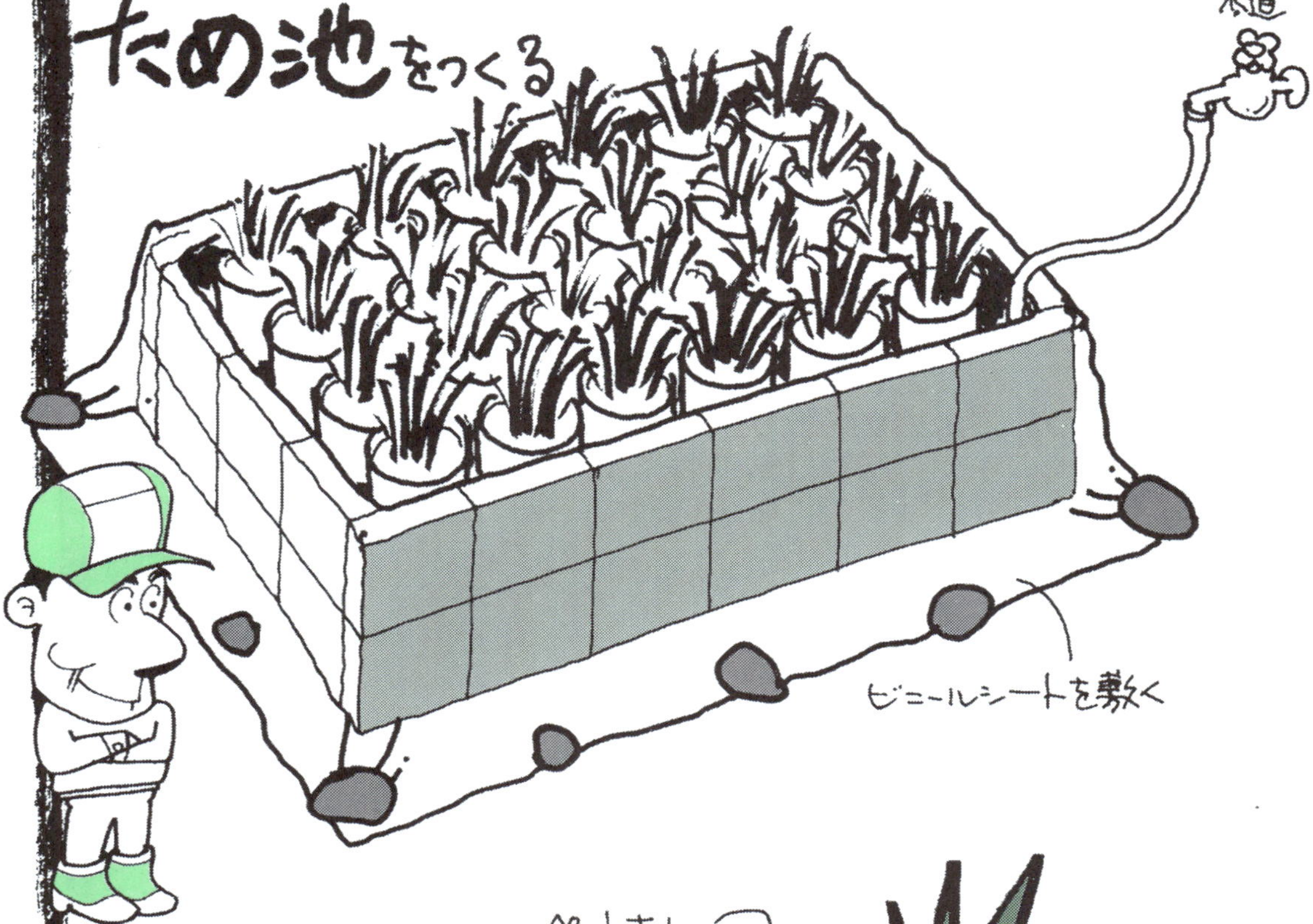

アイデア③

蒸発を防ぐ

選別に威力

唐箕《とうみ》をダンボールでつくる

●唐箕とは

唐箕は穀物の選別に使う農具です。収穫した米は脱穀（稲穂からモミを取る）、選別（モミに混じっている殻やワラ・ゴミ、空のモミや未熟なモミをのぞく）、モミすり（モミからモミ殻をはずして玄米にする）、精米（玄米をついて米ぬかを取りのぞく）という工程をたどって、白米になります。この中で、唐箕は選別の作業に使うほか、モミすりのあと、モミ殻と玄米を選り分けるのにも使います。米以外にも麦や大豆の選別にも使いました。

●唐箕のしくみ

手前のハンドルを回し、風洞の中の羽根を回転させて風を送り、上のほうにある漏斗から脱穀したモミを注ぎ込みます。ストッパーを調節しながら、少しずつモミを落としていくと、風力によって選別され、重い充実したモミは手前の１番口から、未熟なモミは２番口から、軽いワラやゴミは大口から出てくる仕組みです。通常、モミを注ぐ人とハンドルを回す人のふたりで作業します。

唐箕ができる前は、箕や篩（ふるい）を使って選別をしていたのですから、唐箕は作業効率を飛躍的に向上させたすぐれものの農具だったのです。

●ダンボールの唐箕製作キット

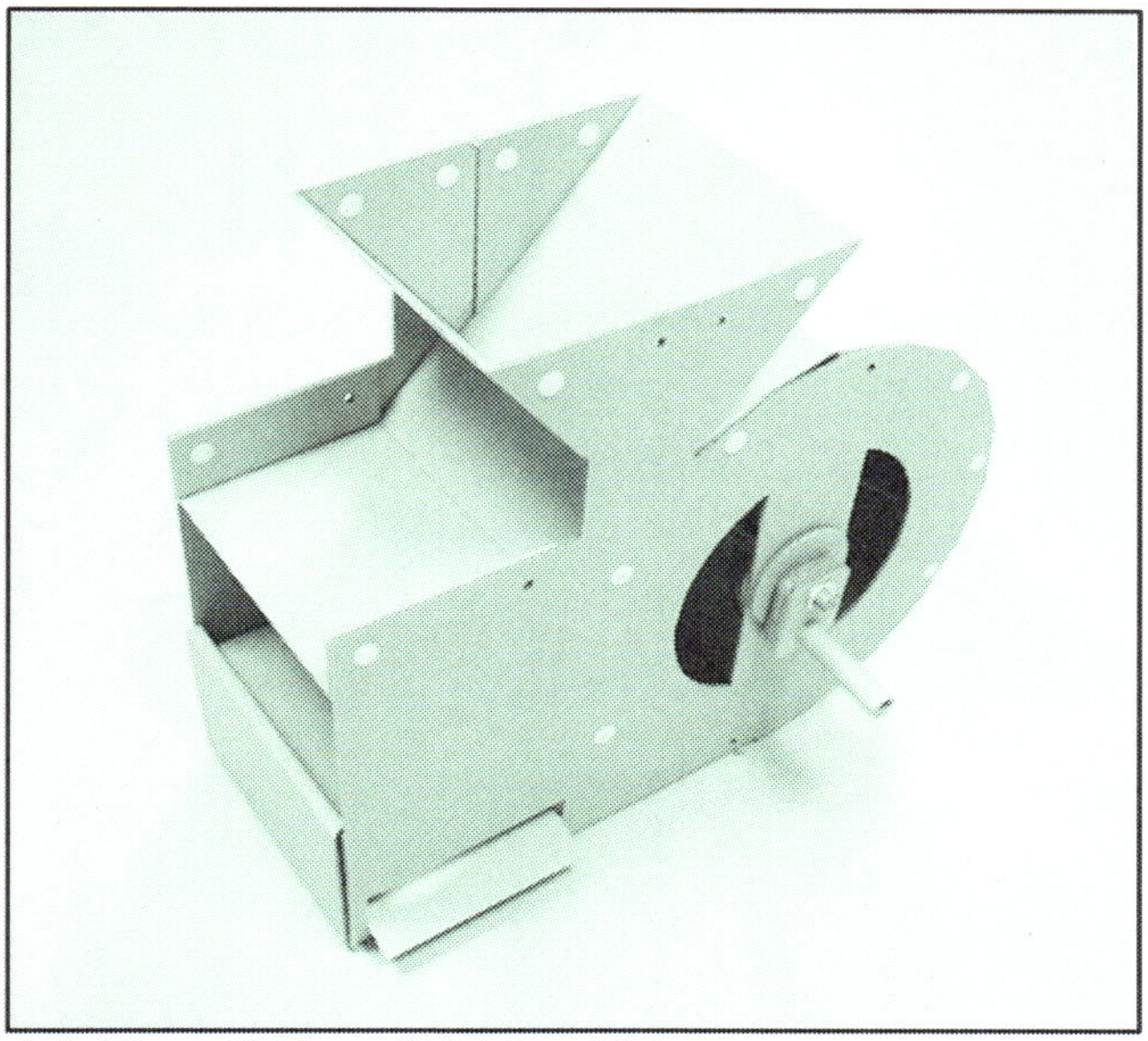

左右60cm・幅20cm・高さ50cmぐらい

新潟大学教育人間科学部文部科学技官の内山渉さんはこの唐箕のしかけをダンボールでつくれないかと考えました。清涼飲料水の缶が入っていた箱を使って試作品をつくり、地元のダンボール会社に持ち込み、キット化したのが、写真の唐箕製作キットです。羽根を回転させる軸の部分も含めてすべてのパーツはダンボール製で、プラネジと輪ゴムでとめます。小さいながらもちゃんと選別することができます。持ち運びも処分も簡単です。小学生でも組み立てることができて、自然に唐箕の仕組みを理解することができます。

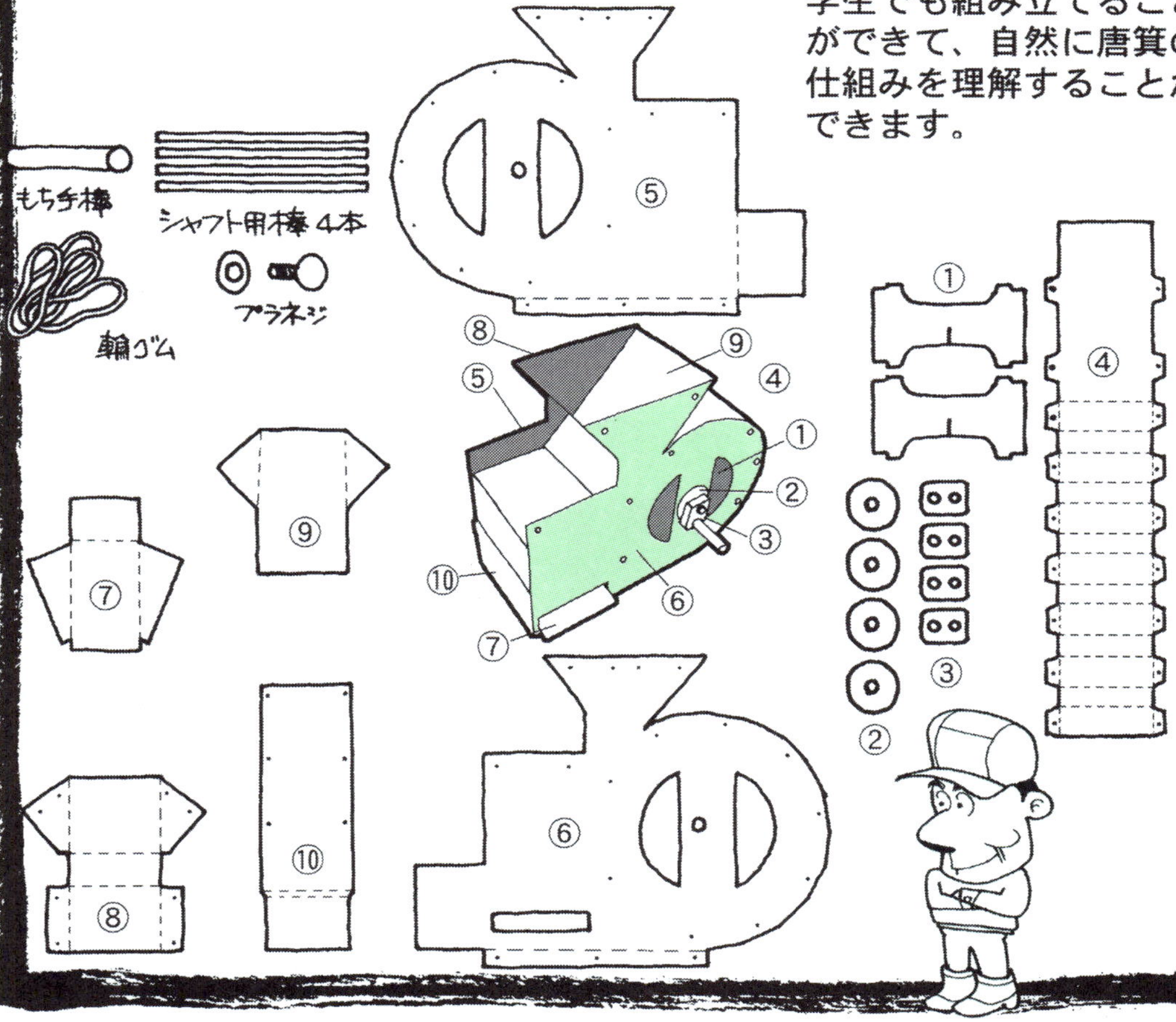

問い合わせ先：新潟大学教育人間科学部　内山渉　TEL〇二五－二六二－七〇九〇　FAX〇二五－二六二－七一三五　E-mail uchiyama@ed.niigata-u.ac.jp

ビンつき精米にはこれがおすすめ──ワインボトル

収穫して脱穀し、モミがらをとった玄米を、ビンつき精米をしようと思いたち、利用するビンを手に入れるために、酒屋へいきました。あなたなら、どんなビンを買ってくるでしょうか。

1升ビンか、それともワインボトル?

戦時中の生活を撮った写真で見た、ビンつき精米の様子を思い浮かべると、1升ビンのような気もするし、一度に精米できる量が多いほうが便利だから、やっぱり1升ビンかな?

透明なワインボトルがおすすめ

そう思って、1升ビンでビンつき精米をすると、玄米がなかなか白くならず、苦労することが多い。実は、ビンつき精米には右の写真のような細身のワインボトルがおすすめ(太いワインボトルは1升ビンと同じ)。色のついていない透明なものがいいだろう。

細身のビンならば、棒を上下させると、ビンの中の米が右図のように対流をおこし、米同士がこすれ合うことで精米されるので、早く精米がすすむ。

太身のビンだと、棒を上下させても、棒の周辺の米だけが左図のように動くだけなので、なかなか精米がすすまない。

ビンの口を片手でおさえ、1秒間に1回くらいのペースで棒を底までつく。

横を向いていた玄米が縦に立ってきて、一つきごとにグイグイと上がってくる。

細身のビンなら、白米になるまでに、45分くらいかかる。白米になったら、1〜2mm目のふるいでふるって、米ぬかを落とす。

（３枚の写真は赤松富仁氏撮影）

手づくり俵編み器で敷きものつくり

昔は「俵編み器」でコモ（菰）を編み、お米を入れる俵をつくりました。
この俵編み器を手づくりして、小さな敷きものを編んでみましょう。

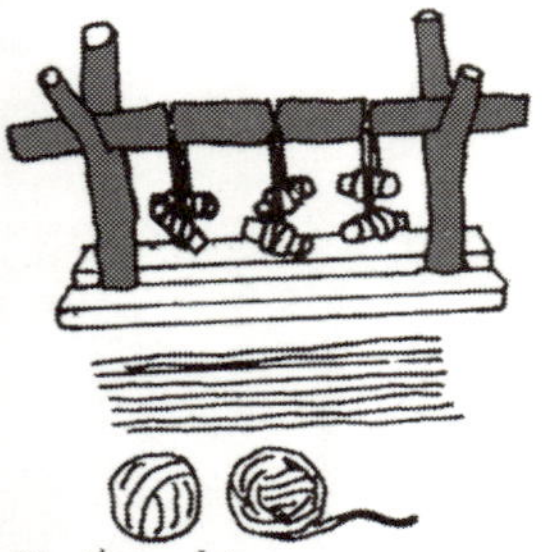

①道具・材料
ワラ（俵編み器の幅に合わせて切っておく）
古布をさいてつくったヒモ（細目の縄・麻ヒモでもいい）。

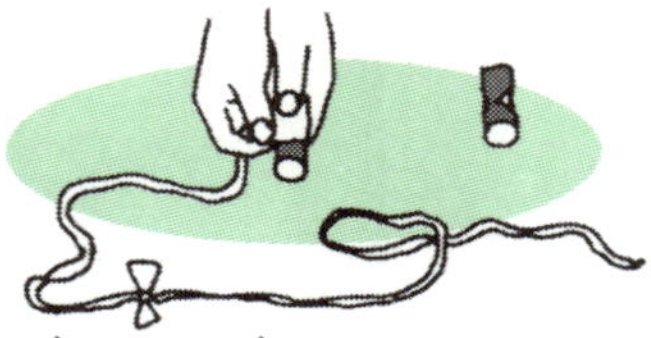

②編みヒモの真中に目印をつけ、両端から重石（中央を細くけずった棒）に巻きつけていく。ヒモの長さは、つくるコモの長さの約3倍必要。

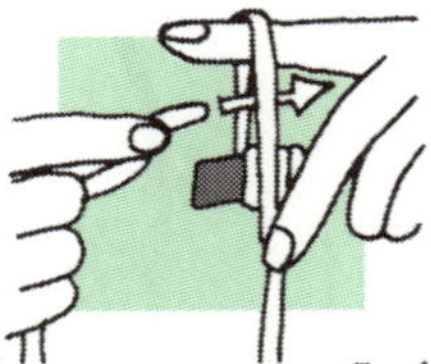

③目印の5～10cm近くまでいったら、最後に巻いたヒモの輪の中に通して結ぶ（こうすると重石を垂らしてもヒモがほどけてこない）。

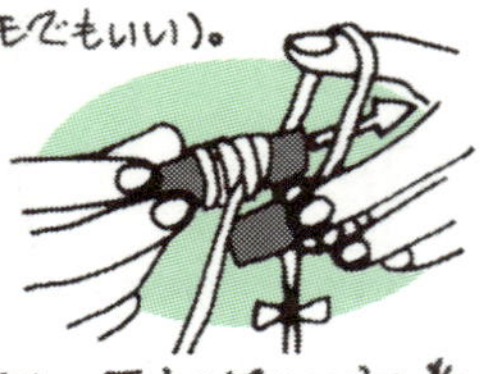

④同じように反対側からも巻いていき、最後に重石ごと輪の中に通して結ぶ。

⑤ヒモの目印のところを横木のV字型のみぞにはさむように、2つの重石を横木の前後にかける。

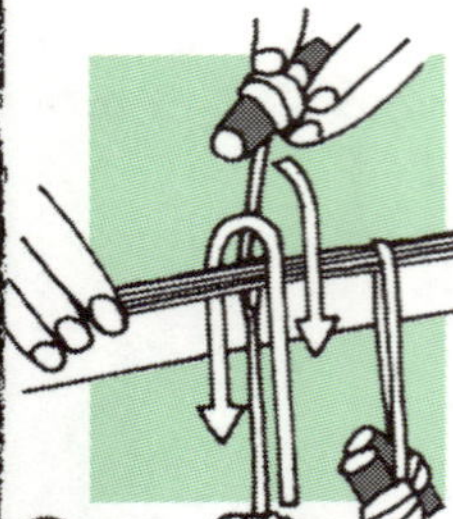

⑥
横木にワラを4～5本そろえてのせ、編みヒモを前後に交差させ、手前のヒモをみぞにはさんでずり落ちないようにする。

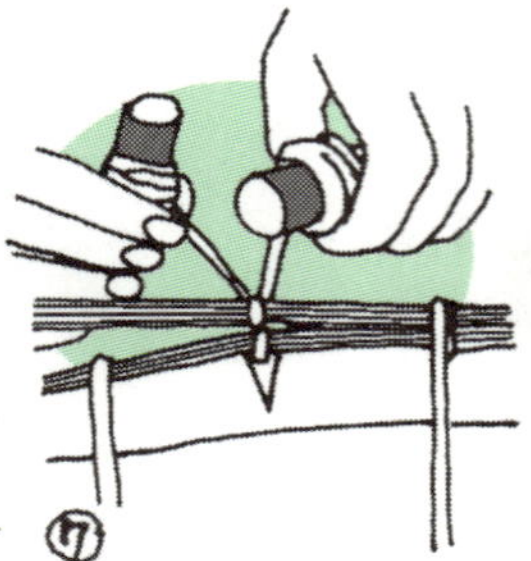

⑦
編んだワラの上に次のワラを置き、同じようにヒモを前後に交差させる。布ヒモはねじりながら編むと、きれいにできる。

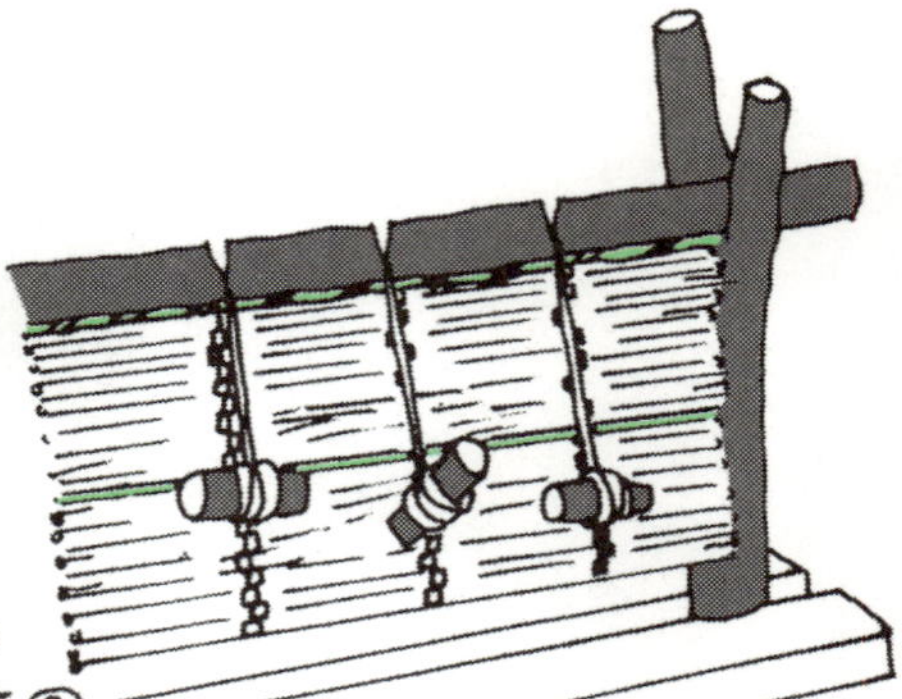

⑧
途中でワラのかわりに色布のヒモを入れると、しゃれたコモができる。好みの長さのコモになったら、前後のヒモを結んでしばる。

写真でわかるぼくらのイネつくり４『料理とワラ加工』　農文協刊、本体1800円　より

バケツ稲から広がる

授業づくり12カ月

バケツ稲は、近くに田んぼがないところでも、一粒の種モミから稲が成長し収穫、調理するまでの全プロセスを手軽に体験することができます。学校田のある場合でも、バケツ稲の栽培と組み合わせることで子どもたちの稲とのかかわりはぐっと深まります。

このバケツ稲づくりから広がる総合的な学習の時間の一年間の授業プランを考えてみました。もとになったのは、一四七頁にあげた全国二〇校の実践です。小さなバケツ稲から、水田の環境や稲の生育、ほかの生きものとの関係、米や稲が生み出すさまざまな恵み、地域の人々の暮らしや歴史など、大きな学習の扉が開けていきます。

この授業プランはあくまで素材にすぎません。各学級・学年・学校や地域の実態にあわせて、創造的に来年のプランを構想してください。総合的な学習の時間だけでなく、理科や社会科、算数や国語など、教科学習にもつながっていくはずです。

…バケツ稲から広がる授業づくり12カ月…

ここでは本号で取り上げたバケツ稲を素材とする総合的な学習の時間のモデルプランを示しています。これを参考に各地域、各学校の特色に合わせて、プランをつくってください。（編集部）

※稲の作業・観察は関東地方でのスケジュールです。
※●は標準的な授業プラン、・は発展的な授業プランです。
※丸数字は参照頁です。

月	学校行事	想定される子どもの活動と授業プラン	稲の作業	稲の観察
4	入学式	●インゲンマメとトウモロコシの発芽実験／種モミのデンプン消費を調べる㉒ ・発芽玄米をつくる㉖ ・麦芽アメをつくる㉘ ・豆もやしをつくる㉚	塩水選 浸種 芽だし 土づくり 種まき	発芽㉜
5	修学旅行	●土の種類による成長のちがいを調べる㉞ ・日本の土の成り立ちを考える㊳ ・田んぼの土と畑の土を比べる㊵	田植え	分げつ㊹
6	移動教室	●田んぼや用水のフィールドワークにでかける㊻ ・ミジンコやカブトエビを飼って観察する㊿ ・田んぼビオトープのメダカを観察する(52) ・ミニ水田でアイガモを飼い始める(78) ●イメージマップをつくり課題づくりの準備をする(58)		分げつ(56)

7	8	9	10
林間学校	夏休み	運動会	生活発表会
●課題ごとに調べ学習をすすめる(58) ・北海道の品種の稲の開花を観察する(62)	●農家を訪ねる(66)	●虫見板でウンカなどの害虫を観察する(74) ・スズメの生態を観察する(82) ・イナゴを調理して食べる(86)	●さまざまな品種の米を食べ比べる(90) ・精米してとれた米ぬかで料理をつくる(94) ・昔の収穫後の作業と農具について調べる(98)
追肥	防鳥ネット張り 水やり当番	病害虫対策	稲刈り 脱穀・乾燥 モミすり・精米
幼穂(64)	開花(72) 子房(88)	穂の色(100)	ひこばえ(110)

月	学校行事	想定される子どもの活動と授業プラン	稲の作業	稲の観察
11	収穫祭	●食糧事務所の人に米を検査してもらう(102) ・米の収穫量や消費量を計算する(106) ・酒米について調べ、地元の造り酒屋を訪ねる(108)	もちつき	
12	冬休み	●地域の人に習って縄とわらじを編む(112) ・稲ワラでワラ半紙をつくる(116) ・ワラ棒など現代的利用方法を試してみる(118)	縄ない	
1		●米を使った料理を調べてつくる(124)		
2		●1年間の活動をふり返り、新聞やスクラップブックにまとめる(130)		
3	卒業式	●下級生に自分たちが学んだことを伝える／来年の総合的学習の計画を考える(136)		

4月 発芽パワーの不思議

どうして塩水にモミをつけるの？
中味のつまったいいモミを選ぶためだって。
沈んだモミには芽を育てる栄養がたくさんつまっているんだよ。

4月 種子の生命力への驚きから栽培へ

編集部

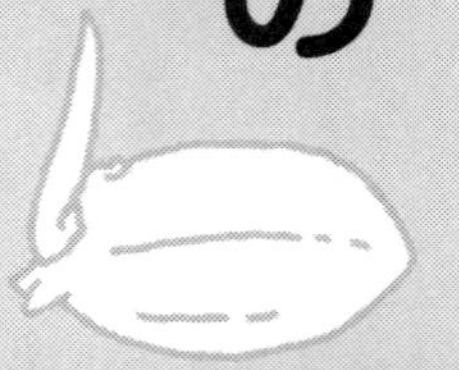

種子の発芽実験からはじめた

バケツ稲栽培を計画して、新学期がはじまった。子どもたちと早速、バケツ稲の準備に取りかかってもよいが、その前に教科の学習で、植物の生命力をじっくり観察してみてはどうだろうか。むしろそのほうが、子どもたちの栽培への意欲を引き出すこともある。

五年生の担任になった赤羽恵子先生（神奈川県横浜市立日枝小学校）は、年度計画でバケツ稲栽培に取り組むことになっていたが、まず理科の発芽実験に取り組むことにした（二〇〇〇年度）。

種子の生命力に驚く子どもたち

赤羽先生は、理科の教科書に載っているインゲンマメ、トウモロコシの種子を用意し、稲、小豆、黒大豆、青大豆、ラッカセイの種子は子どもたちが持ってきた。そして、プリンカップやイチゴパックに、水に浸した綿を入れ、その上にそれらの種子を置き、発芽する様子を、子どもたちに観察させた。

すると、水だけしか与えていないのに、どの種子からも勢いよく芽が出てきた（図1参照）。とくに、インゲンマメは成長をつづけて、葉だけでなく小さなツルまで出てきた。

赤羽先生は、図2のような観察カードを用意し、子どもたちに日々の観察の結果を記録させた。その中の「わかったこと、疑問に思ったこと、もっと調べたいこと」という項目に、子どもたちは次のようなことを書いてきた。

「水だけでどうして芽が大きくなるんだろう。硬い豆から柔らかい芽が出てくるのは不思議だ」「インゲンがツルまで出すなんてすごいパワーだ」「せっかくここまで成長したのだから、枯らしたくない。土に植えて育てれば実がなるのだろうか。そして、その実からまた芽が出るのだろうか」

植物の種に込められた生命の不思議

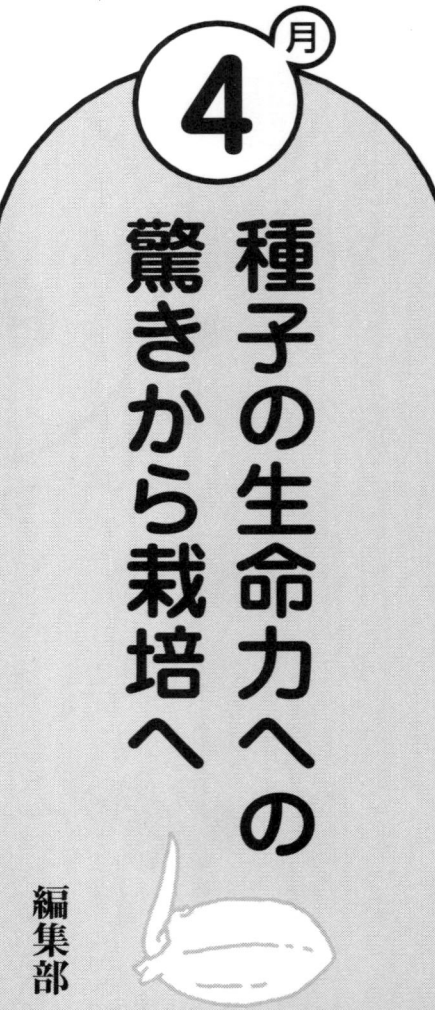

図1　インゲンマメとトウモロコシの発芽観察

[4月24日] インゲンマメ（右）とトウモロコシ（左）の種を発芽させます。

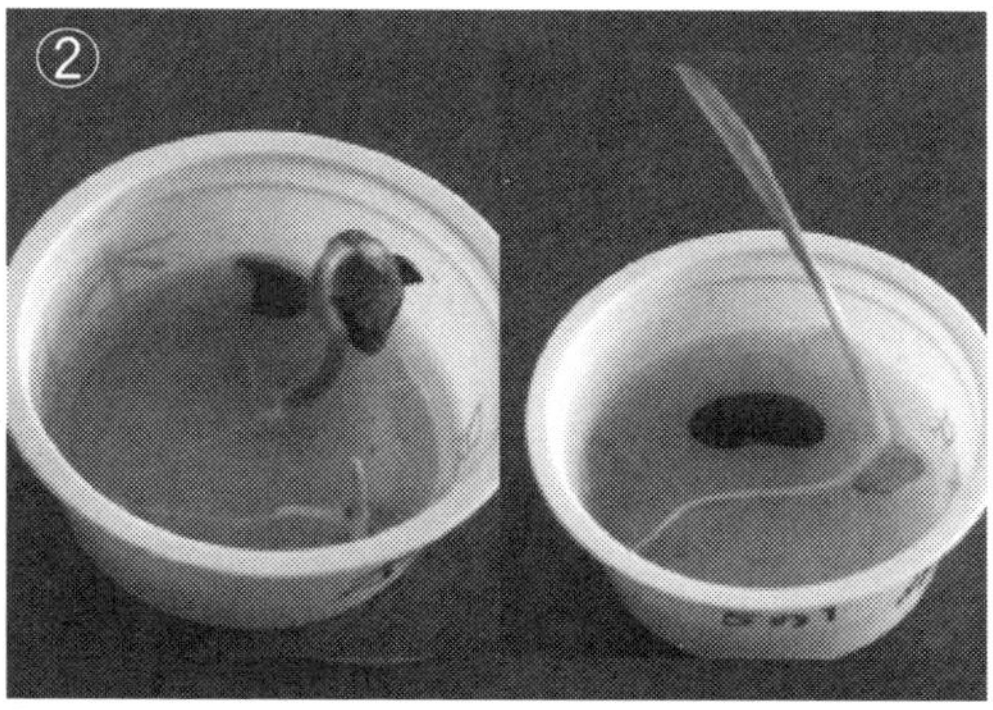

[4月27日] インゲンマメ（左）もトウモロコシ（右）も発芽し、だいぶ大きくなりました。

[4月30日]
インゲンマメ（左）は23cmくらい、トウモロコシ（右）は18cmくらい。

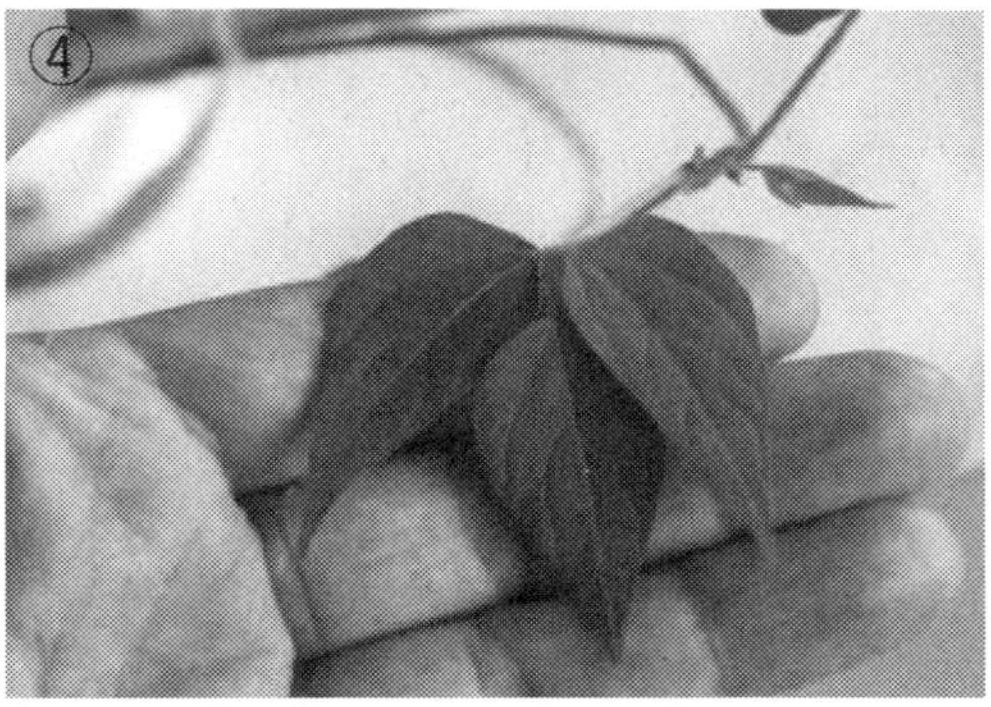

[5月11日] プリンカップの水栽培で、インゲンマメはずいぶん大きくなり、葉もこれくらいになりました。
【宮崎市立本郷小学校5年生の理科の実践から（平成10年度）】

さやパワーに対する、子どもたちの素直な感動が綴られていたのである。

分析ではなく生命の流れを丸ごと見守る

このような子どもたちの感動や疑問にどう答えればよいのだろうか。

まず赤羽先生は、種子を発芽の段階ごとに切断し、その中身をヨードデンプン反応で着色し、芽の成長にしたがって、種子のデンプンが消費されてい

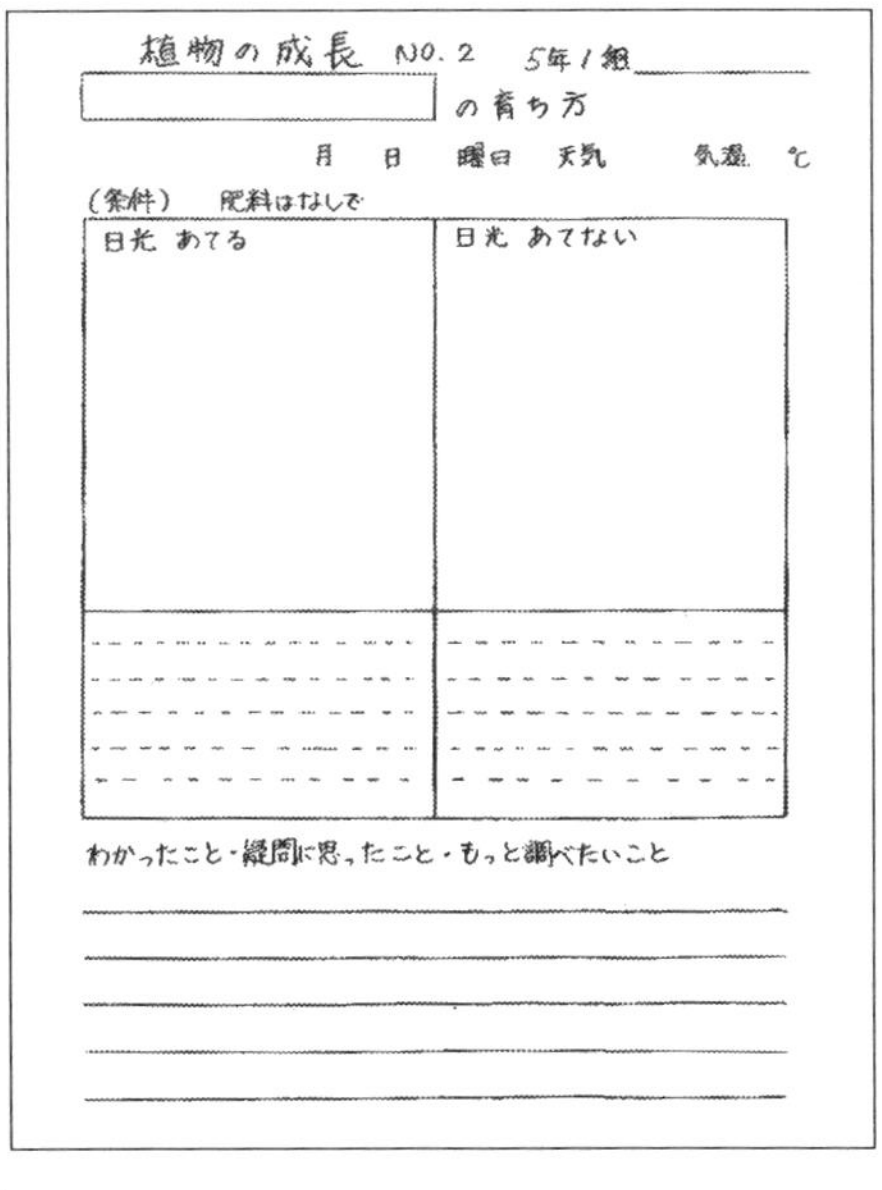

図2　発芽観察カード

図3　ヨードデンプン反応で発芽段階ごとの稲の種子のデンプン消費を見る（『写真でわかるぼくらのイネつくり１』農文協刊より。撮影：赤松富仁）

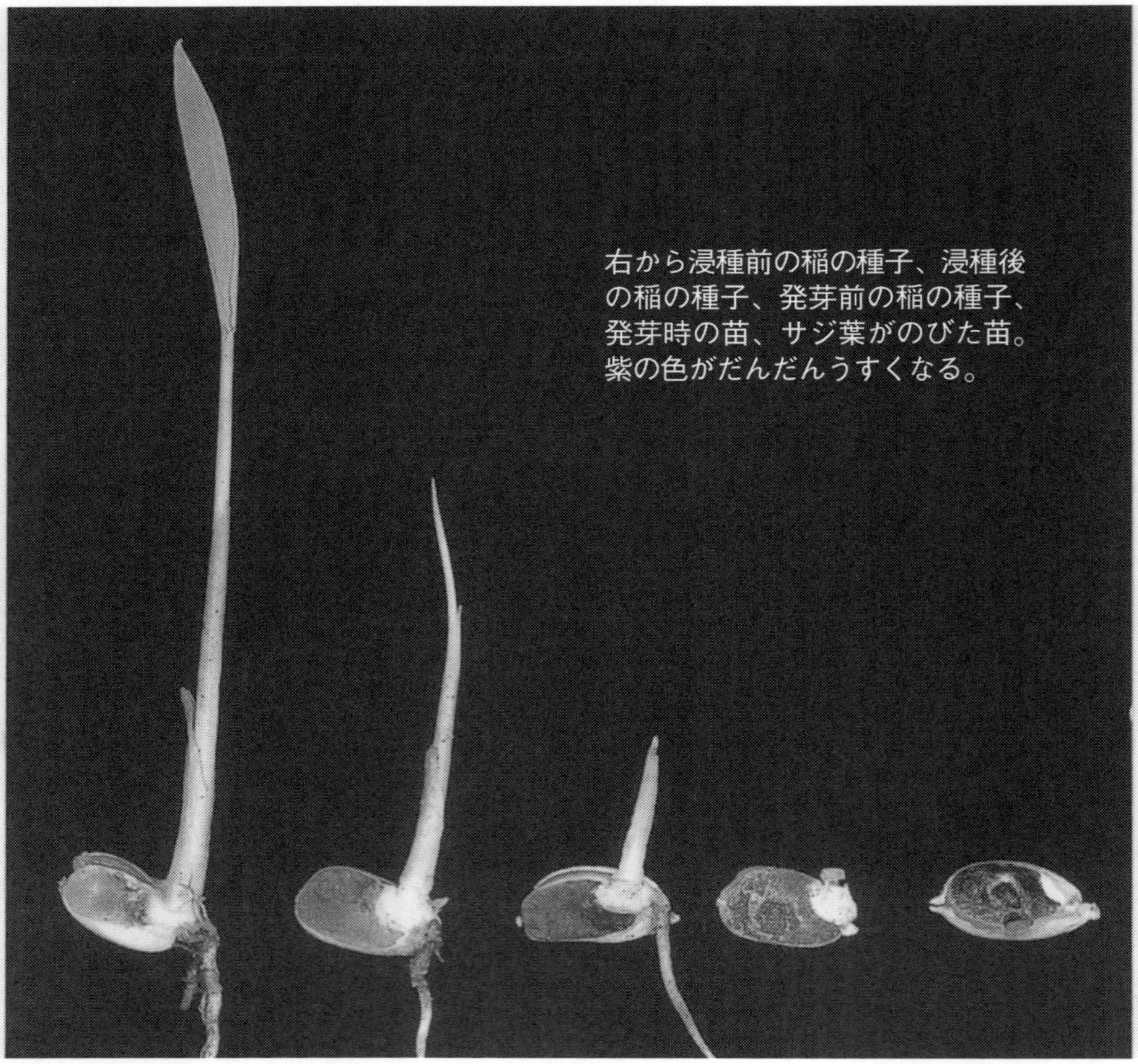
右から浸種前の稲の種子、浸種後の稲の種子、発芽前の稲の種子、発芽時の苗、サジ葉がのびた苗。紫の色がだんだんうすくなる。

く様子を、子どもたちと観察した（図3参照）。発芽パワーの科学的な分析で、子どもたちの疑問に答える方法だ。

しかし赤羽先生は、それだけにとどまらず、「発芽した生命をそのまま育てたい。そして実がなったら、それを食べてみたい。さらに、その実から芽が出る様子を見てみたい」という子どもたちの願いにそって、子どもたちと一緒に生命の流れを丸ごと見守ることで、子どもたちの感動や疑問に答えたいと考えた。

栽培活動に大活躍する子どもたち

こうして、すでに計画していたバケツ稲栽培のほか、学級園ではトウモロコシを、プランターでは大豆、小豆、ラッカセイ、インゲンマメを栽培することになった。

バケツ稲は、すでにJA全中のバケツ稲セット（日本晴の種モミ、肥料）

を手に入れていたので、黒土と鹿沼土を教材店から購入して（半々の割合）、全中の肥料を元肥として施し、四月の末に播種した。その後、ハイポネックスを追肥。草丈、茎数を子どもたちに記録させた。

栽培する場所の確保やプランターの入手では、子どもたちが大活躍した。子どもたちは、栽培する場所を校長先生に交渉して確保し、すのこまで自分たちで用意した。また、校内に用済みで置いてあったプランターを発見。これも自分たちで交渉して、栽培用に使うことにした。

種子の生命を食べものに

自分たちの疑問に根ざした活動は、隠された子どもたちのパワーを爆発させるようだ。

ふだんの調べ活動では実力を発揮できない子どもたちのグループが、栽培学習ではいちばん熱心に活動した。稲の成長記録も丹念にとり、「分けつの観察、早くやらないと手遅れになるよ」と赤羽先生を催促する子も現われた。夏休みも、彼らが率先して水やりに励み、なんとか乗り越えることができた。

こうしてそれぞれの作物の収穫期には、稲はご飯にして、大豆は豆腐・きなこにして、小豆はお汁粉にして、食べることができた。さらに、収穫した稲ワラを使って、手づくり納豆にも挑戦した。

子どもたちは、発芽する種子のパワーの行方が、自分たちの生命を支える食べものとなって結実することを、身をもって体験した。

そして、六年生になった子どもたちは、食べずに残しておいた種子から、芽が出てくるのを確認したのだった。

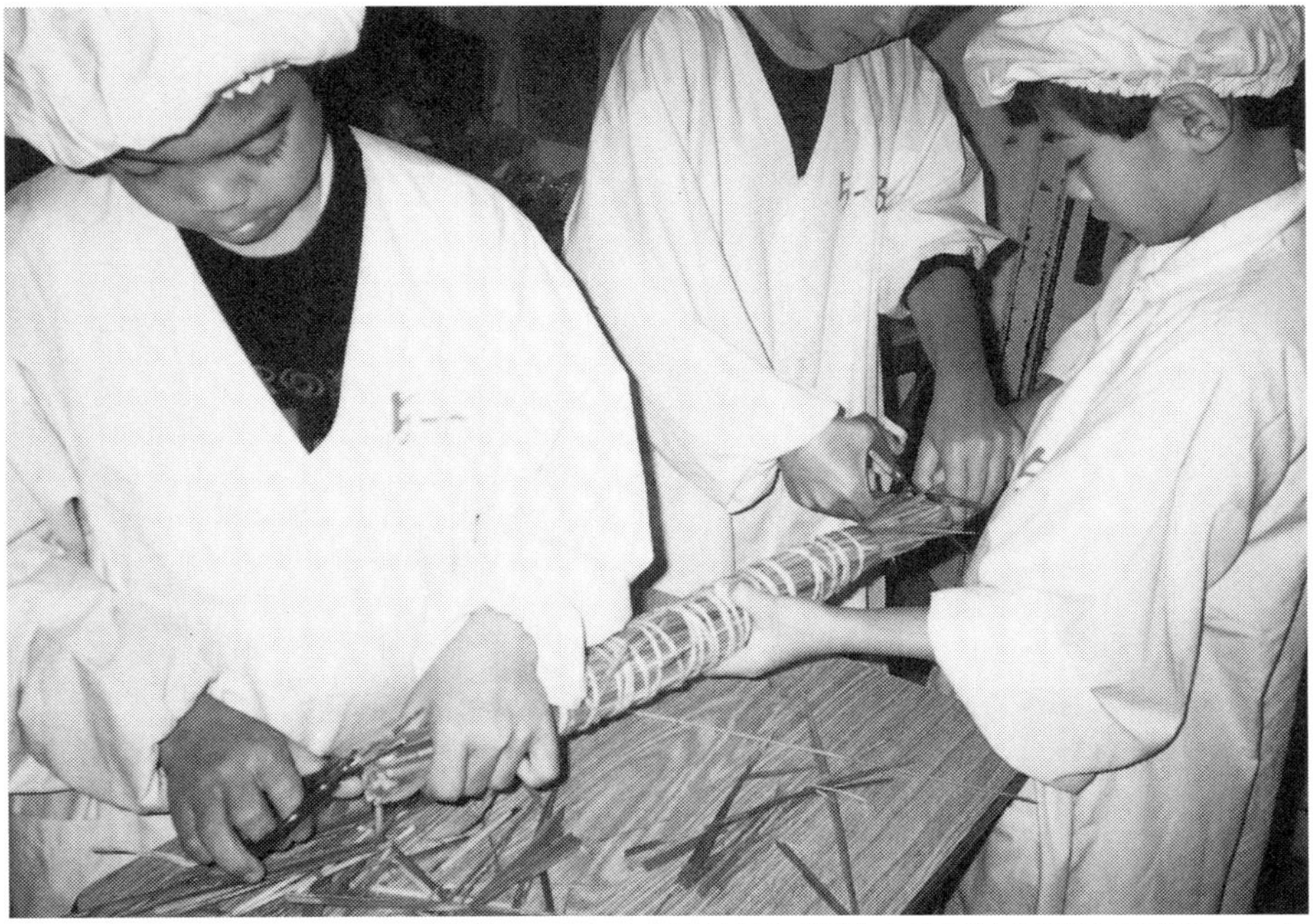

図4　収穫した稲ワラと大豆を使って手づくり納豆に挑戦する日枝小学校の子どもたち

る21世紀の健康食

ドーマー（株）
塚原　菊一

私は「お米はモミ米でなければ芽が出ない」と信じていましたが、ある日どんぶりに玄米を入れて水を張っておいたら芽が出てきた！という感動的出会いの日から、私と発芽玄米との二人三脚人生がスタートしました。

昔から「玄米」は健康に良いと言われていましたが「玄米」には、次の四つの明らかな欠点がありました。

①圧力釜でないと炊飯できない
②炊飯しても硬い
③ぬかのにおいがして味が良くない
④消化が悪い

ところが「玄米」を一昼夜ぬるま湯に浸けて少し発芽させると、大きく変化することがわかりました。

①普通の炊飯器で炊ける
②炊飯すると柔らかくて食べやすい
③甘みが出てきて美味しさがある
④有効な栄養が増えたり新しい栄養ができてくる

というように、少し「玄米」を発芽処理すると、それまで「玄米」の欠点と言われていたことが、ことごとく克服されることがわかりました。しかし考えてみると、日本で精米機ができたのが明治二十九年（西暦一八九七年）、それまでは「玄米」あるいは「分搗き玄米」を食べていたと言えます。どの家でも前の晩にお米を水で研ぎ、一晩水を吸わせて置いておき、あくる朝炊飯していました。一晩、水を吸わせて置いておいたお米は、お米の中のたくさんの消化酵素がはたらいて「発芽玄米」状態に近づいていたと考えられます。つまり「発芽玄米」は新しいお米の食べ方というよりは、昔からずーと食べられていたお米の食べ方のリバイバルと言ったほうが、当たっているのかも知れません。

「玄米」は稲の種子ですから、発芽をするためにその粒の中に多くの栄養と消化するためのたくさんの酵素をたくわえています。「玄米」が水を吸うと発芽に向かっていっせいに劇的な準備を開始します。デンプンやタンパク質などが、消化酵素の働きで栄養分解され、吸収されやすく変化し、それにより甘みやうま味が加わってきます。また、γ（ガンマ）―アミノ酪酸（通称ＧＡＢＡ：ギャバ）という人間にとって大切な栄養も急激に増加してきます。このγ―アミノ酪酸は抑制系の神経伝達物質で、精神のイライラを抑えたり血液の流れを良くしたりする成分といわれています。「発芽玄米」には食物繊維が約三％含まれていますので、便秘の解消やアレルギーの軽減にも役立ちます。「ごはん」を食べて健康になる、こんな夢のようで当たり前のことが、「発芽玄米食」で実現するのかもしれません。

4月

発芽パワーを実験 玄米を発芽させ

発芽玄米の作り方

＜室温が20℃以上あるときの作り方＞

③1日1～2回水を替える。そのさいは、玄米を軽く水で洗う

②玄米がかぶるくらいに水を入れる

①底が平らな容器(皿など)に玄米を2～3cmの厚さになるように入れる

④約3日ほどで玄米から芽が出始めたら、ザルなどにあけ、よく洗う

＊20℃より室温が下がるようなら、水を温水（30～40℃）にしたり、日なたに出すなどして、温度を維持する。また、熱を逃がさない発泡スチロールなどの箱を利用するのもいい

＜寒い時期の作り方＞

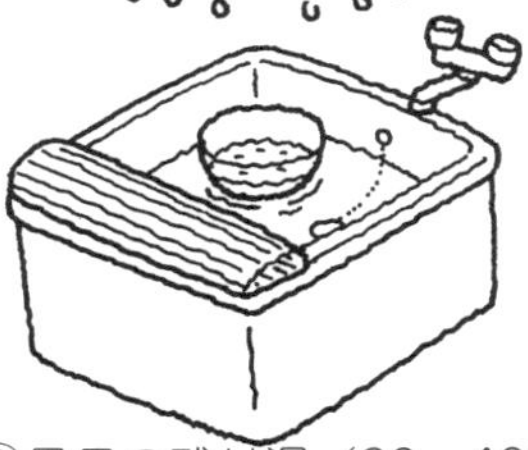

③風呂の残り湯（30～40℃）にボウルを浮かべ、浴槽にふたをする

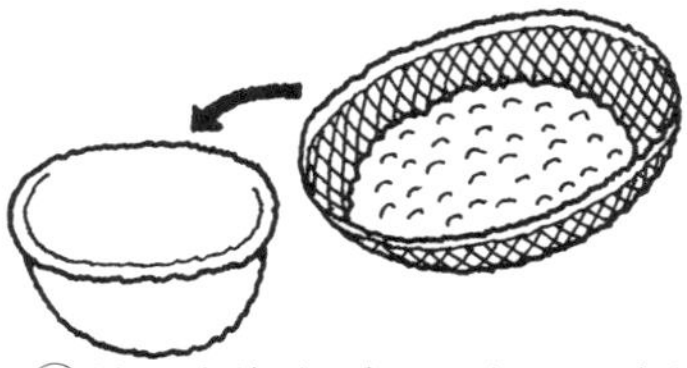

②その玄米をザルにあけて水切りをし、30～40℃のお湯の入った大きめのボウルに入れる

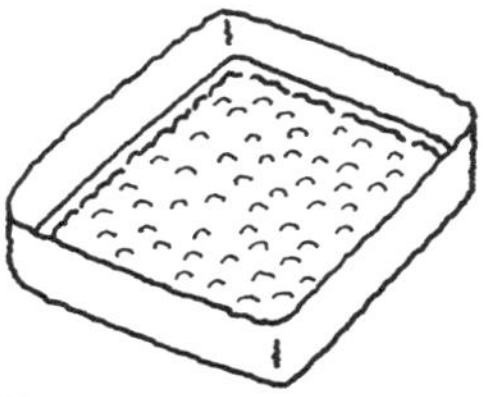

①玄米を半日ほど水につけ、十分に水を吸収させておく

⑤約3日ほどで玄米から芽が出始めたら、ザルなどにあけ、よく洗う

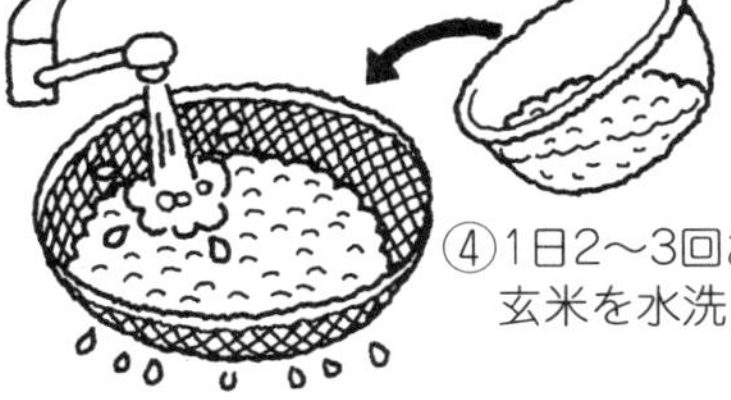

④1日2～3回お湯を替え、玄米を水洗いする

☆玄米を買うさいのポイントとして、電気乾燥のものは発芽しないので、自然乾燥のものを選んで購入してください。また、玄米は古米だと発芽しにくいので、新米を選んでください。

☆発芽玄米は、芽が出すぎると栄養価が薄れます。0.5～1mm発芽した時点で、必ず引き上げるようにしてください。

☆すぐに炊飯しない発芽玄米は、密閉容器やビニール袋などに入れ、冷蔵庫で保存してください。冬なら15日程度、夏でも１週間くらいはもちます。夏は日光にさらして乾燥させ、保存してもよいでしょう。

☆寒い時期は、40℃程度に温めたアイスノンなどを②のボウル（寒い時期の作り方）に入れると、お湯が冷めにくくなり、発芽しやすくなります。

☆自家製の発芽玄米には独特のにおいがあります。炊く前によく洗い、においがなくなってから炊きます。

い麦芽アメをつくる

大東文化大学非常勤講師
野田　知子

③②に麦芽を入れてよく混ぜ合わせます。

④混ぜ合わせたら、常温で10～12時間そのままにします。その間に、デンプンの糖化が進み、液状の部分が多く、ご飯がサラサラ状態になれば成功です。

⑤④を布袋に入れて絞り、液だけを、鍋に入れます。

⑥強火で加熱します（鍋は液体の3倍くらいの大きさのほうが望ましい）。かき混ぜる必要はありません。煮詰めていると小さな泡が出てきますが、そのまま強火で煮込みます。泡が盛り上がり吹きこぼれそうになるなら弱火にして煮続けます。小さな泡の中に大きな泡ができるようになります。その泡の直径が15cmくらいになったら火を止めます。途中、表面に出てきたアクはすくい取ります。まだとろりとした液状ですが、冷めると硬くなります。(注3)

⑦容器に入れて出来上がりです。

＊④の段階で、おかゆ状にねばねばになった場合は失敗ですので、1回布袋で絞ったあと、絞りかすと同量の水を加え、90℃まで温度を上げ、最初と同量の麦芽を混ぜて糖化を待ち、1時間くらい後に再び絞ります。

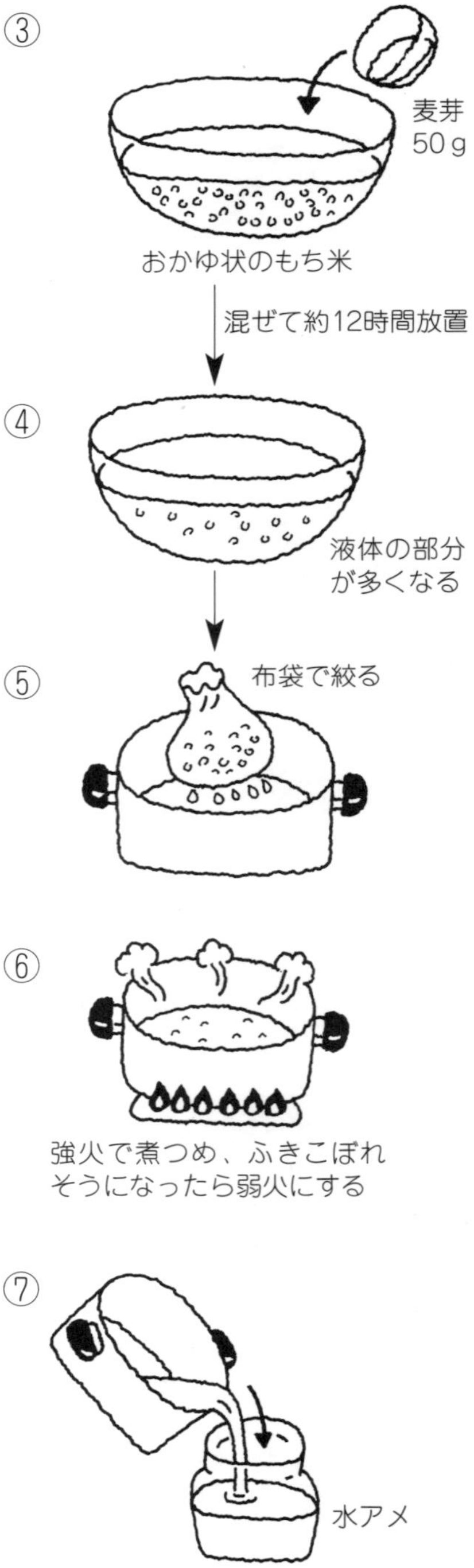

(注1) 麦芽アメの作り方は新潟県北蒲原郡の中野金夫氏にご指導いただきました。

(注2) デンプンは、アミロースとアミロペクチンの混合物です。うるち米はアミロースが17%含まれるのに対して、もち米はほとんどアミロペクチンのみからできていて、糖化しやすいという性質があります。

(注3) 砂糖は二糖類の蔗糖《しょとう》で、水アメや麦芽アメはデンプンをアミラーゼなどの酵素で分解して作った麦芽糖が主成分です。したがって、砂糖を水で溶かして煮詰めたものと、水アメ、麦芽アメは、形状は似ていても構成される糖が違うので、性質が異なります。砂糖液は結晶しますが、水アメ、麦芽アメは結晶しませんので、用途に応じて使い分けられています。

4月

発芽パワーを実験 麦芽の酵素で甘〜

甘いものが少なかった時代は、ほとんどの地方で、サツマイモや米などに含まれるデンプンを利用してアメを作っていました。米は砕けたものを利用したりしていました。

●麦芽（麦もやし）とは？

アメづくりに用いられたのが、大麦の芽を乾燥させて粉にした麦芽(注)です。麦芽には、デンプン（多糖類）を分解する酵素のアミラーゼが多く含まれています。分解されたデンプンは麦芽糖（マルトース・二糖類）になります。砂糖の甘さより柔らかい甘さの水アメです。割り箸にくるくる巻いてなめたり、餅や煎餅、ビスケットなどにつけて食べましょう。

（注）麦芽は一般的には大麦で作るものを言いますが、日本の各地では大麦と小麦を混ぜたものや、小麦だけから発芽させたものも使われていました（『日本の食生活全集』農文協刊による）。

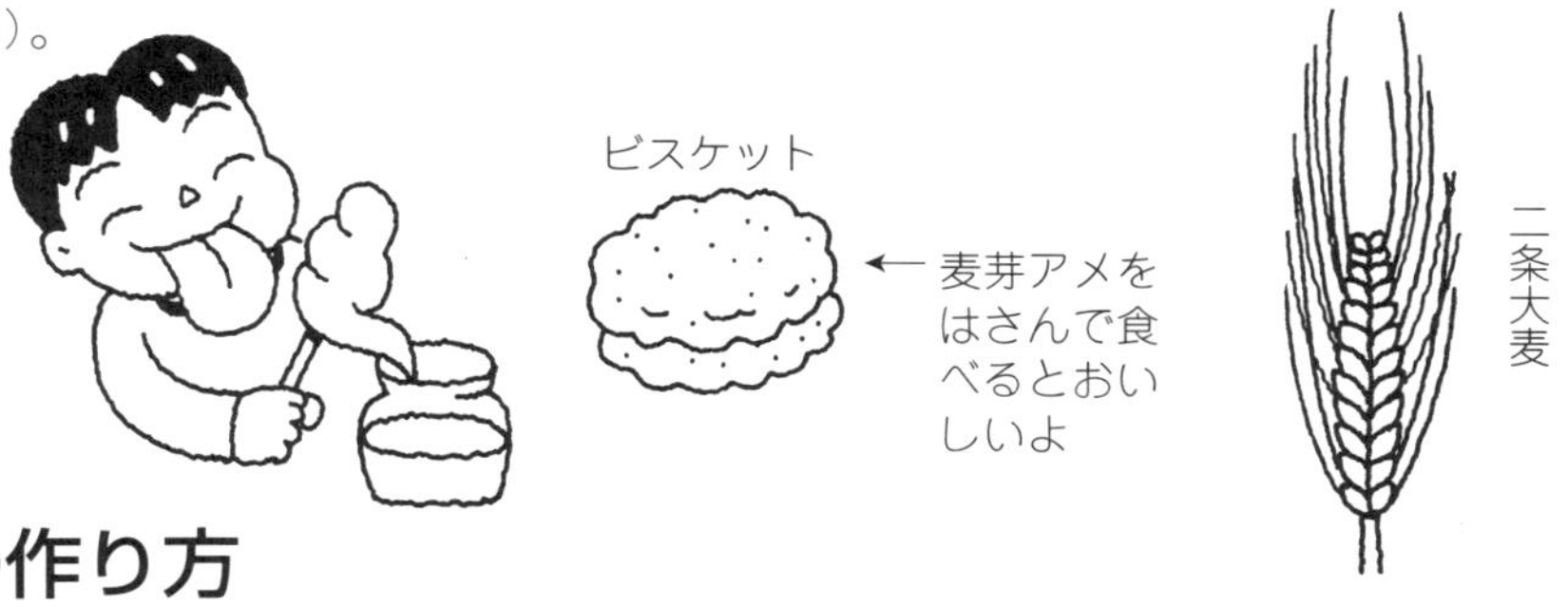

●麦芽の作り方

大麦をモミガラのついたまま、一昼夜、水に浸けます。これをむしろなどの上に2cmくらいの厚さに広げて、上にもむしろをかぶせておきます。じょうろで水をかけます。5日くらいで根が出て、芽が1.5〜2cmほどに伸びてきます。これを丸ごと全部乾燥させ、石臼で粗い粉にひいて保存し、必要な時に使います。

［麦芽の入手先］ 中野金夫　〒959-2426　新潟県北蒲原郡加治川村向中条392

●麦芽アメの作り方

（新潟県北蒲原郡に江戸時代から伝わる作り方(注1)です。）

＜材料＞　もち米(注2)5カップ、麦芽50ｇ、
湯冷まし 約3.5カップ
仕上がり量は約350*ml*

①もち米5カップは、炊飯器で普通の水加減で炊きます。

②炊きあがったもち米に、あらかじめ用意してある湯冷ましを入れ、よく混ぜ合わせます。湯冷ましを入れるのは混ぜ合わせやすくするためですので適当でよいです。かゆ状になります。

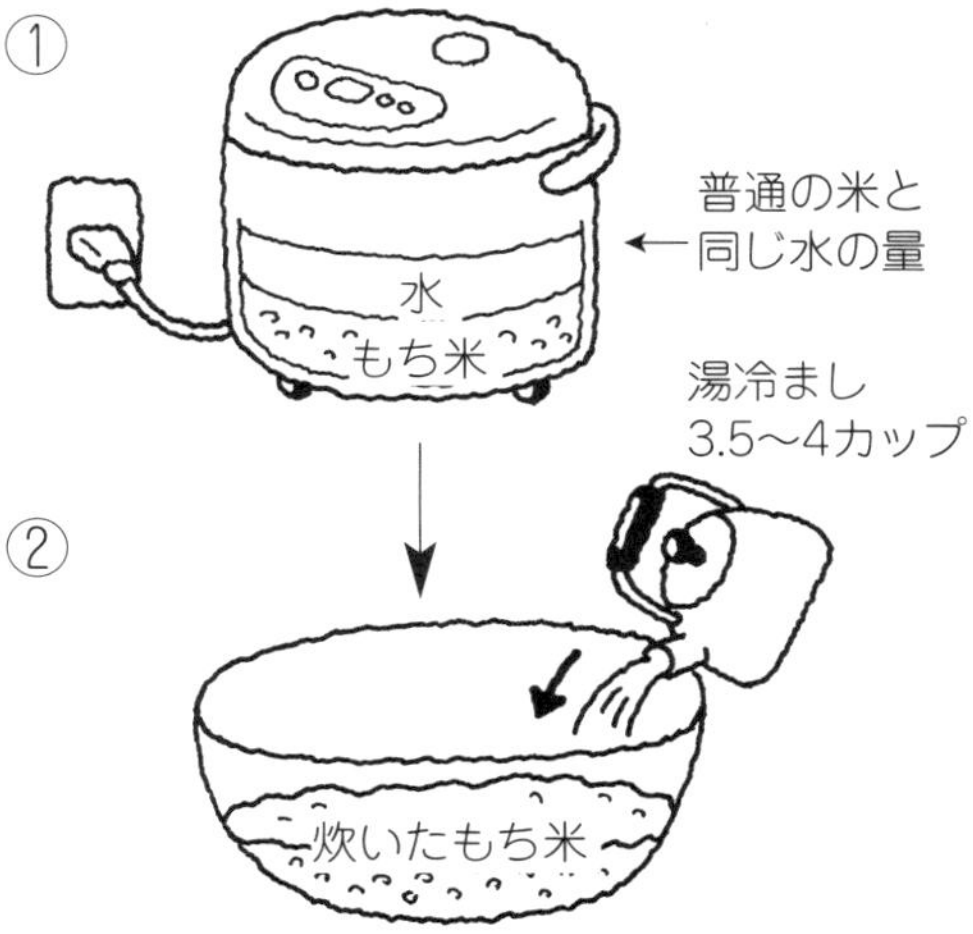

C・アミラーゼが爆発

（株）上原園

●学校・家庭でのもやしの作り方（広口びん編）

①用意するもの
1. 種（なるべく新しい良質な種を選ぶ。ここでの原料は緑豆）
2. 広口びん（プラスチック製の容器でもよい）
3. 水通しのよい布またはネット
4. 輪ゴム
5. 暗い場所（ダンボール箱でもよい）

※18～28℃（種子の発芽に必要な温度）の場所がよい。

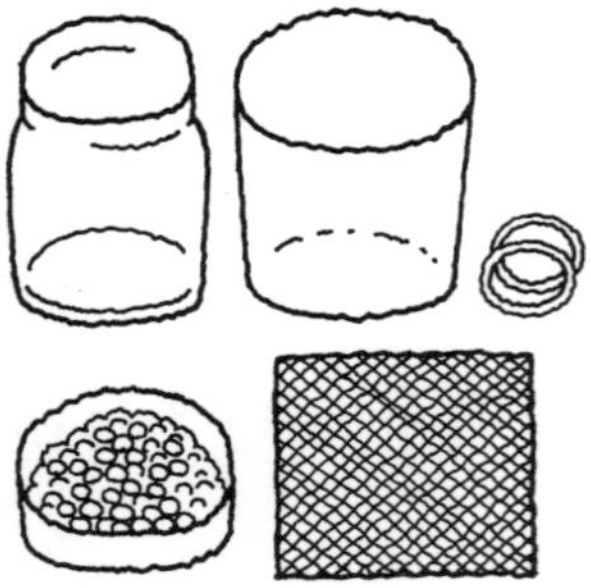

②種に吸水させる
1. 割れている種や色が悪い種は、あらかじめ取り除いておく（種が悪いと腐敗の原因になります）。
2. 種を流水ですすぎ洗いした後、水に浸けて吸水させる（緑豆は3～5時間くらい、大豆は1時間くらいでよい）。

※種の種類、水温により浸ける時間が変わる。温度が高くなると時間が短くなるが、上限は30℃くらいまで。

3. 吸水させたら、種がこぼれないよう容器の口を布またはネットでふさぎ、輪ゴムで止め、吸水に使った水を捨てる。

③容器に種を入れたまま、種をすすぎ洗いする。

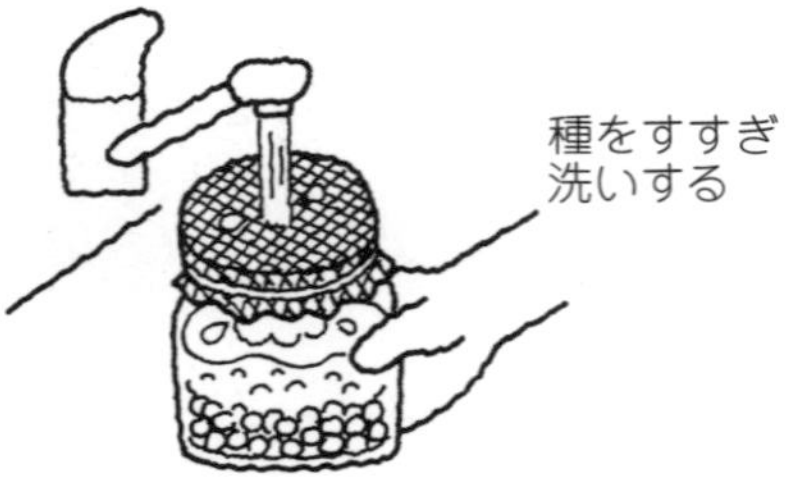

④暗いところで栽培する
1. 種の皮が割れて発芽が始まったら、暗い場所に置く。
2. 1日2～4回、水ですすぎ、種に水分を与える。種の水分を切らさないようにする。

⑤発芽したもやしは、長さに関係なく食べられる。また、種の種類によってはグリーニング（緑化）しても食べられる。

⑥洗浄し豆ガラを取りのぞく。発芽したもやしは栄養の宝庫。根も葉も全部食べてしまいたい。

4月

発芽パワーを実験 豆の発芽でビタミン

●発芽パワーが豆の栄養を変える

もやしは豆類などの種子が発芽したもので、良質のタンパク質や種子にはなかったビタミン類が多く含まれます。乾燥した状態では活動を休止していますが、水分を与えると急激に各種の酵素の作用が盛んになり、活性化されます。発芽すると豆の成分は、右記の図のように炭水化物→糖分、飽和脂肪酸→不飽和脂肪酸、タンパク質→アミノ酸に変化します。また豆には微量にしか含まれていないビタミンC、アミラーゼが発芽することによって増えます。消化の悪さが難点だった豆ですが、もやしになると胃腸にやさしい食べもの変わってしまうのです。

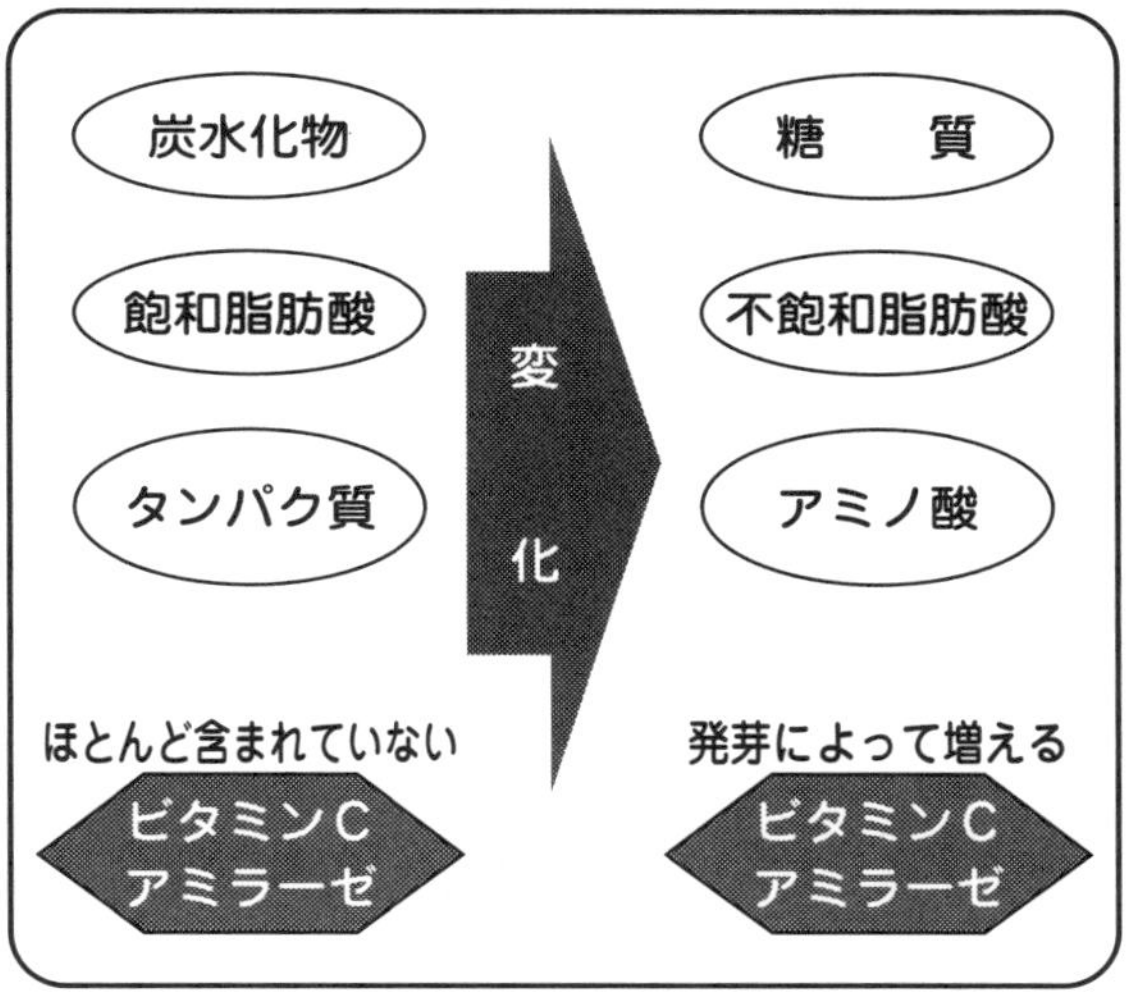

●もやしの種類

緑豆もやし

【特徴】

軸が太く、水々しさとシャキシャキした歯ごたえが特徴のもやし。

【適した調理】

炒めもの、和え物、サラダ、ラーメン、鍋物と何にでもあう。火が通りやすいのですばやく調理する。

ブラックマッペもやし

【特徴】

緑豆より種子が小さいので細いもやしで、根が長めで絡まりやすく、青臭さが少ない。

【適した調理】

広島焼きやラーメンの具、味噌汁、鍋物、ステーキ鉄板焼き

大豆もやし

【特徴】

豆のついたもやしで独特の歯ごたえがあり、生では臭みが強いが良いだしが出る。

【適した調理】

ビビンバやナムル、鍋やスープのだしによく使われる。

日本で言われる「もやし」の語源は、動詞「もやす（萌）」の名詞化で、芽が「萌え出る」こと。若い芽がぐんぐん伸びていくという意味から、その名がつきました。カイワレ大根、アルファルファ、そばもやし、ひまわり葉なども同じスプラウト（芽野菜）です。

コラム　稲の生命を感じる観察のポイント①　市川　道和

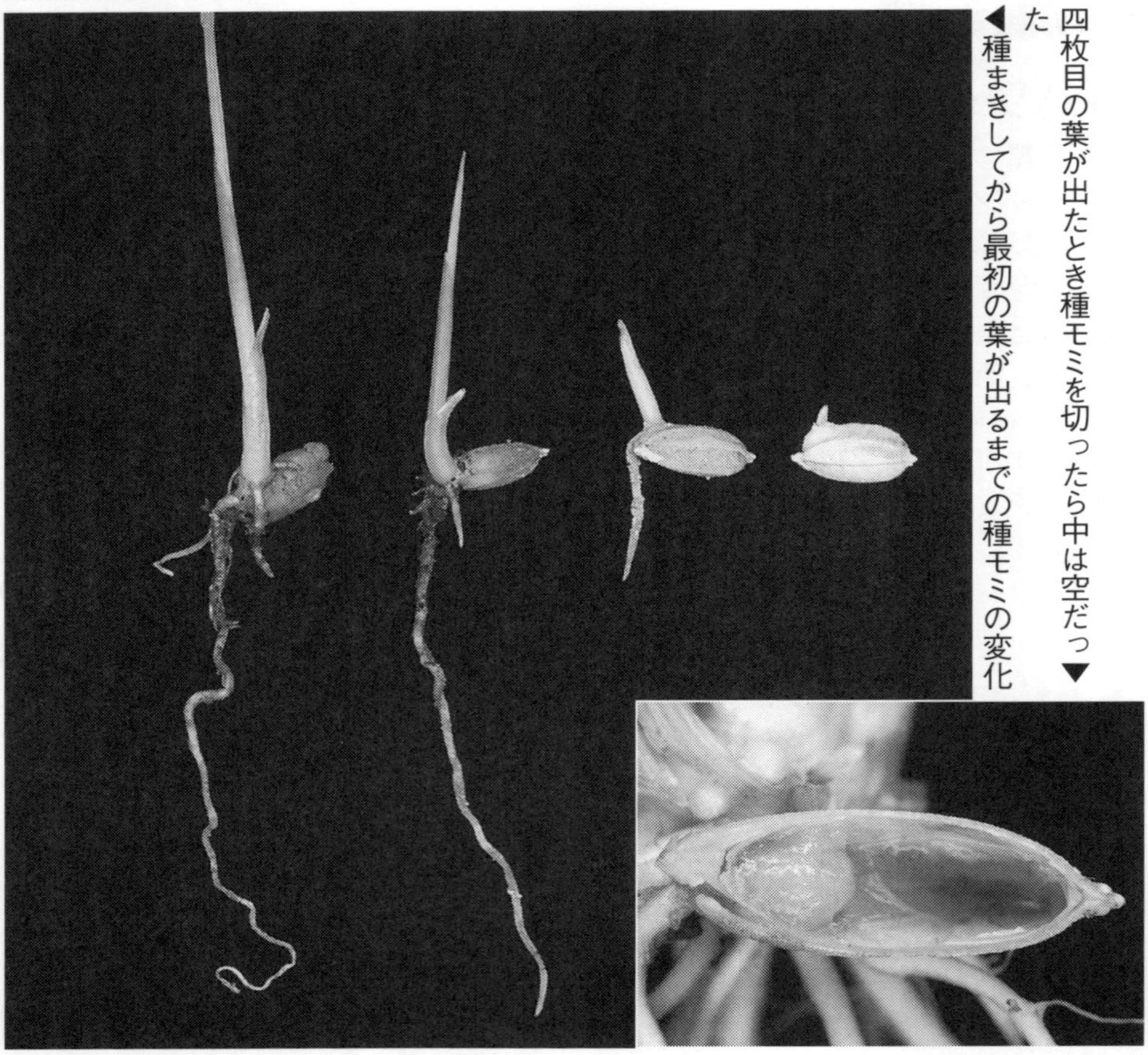

◀種まきしてから最初の葉が出るまでの種モミの変化

四枚目の葉が出たとき種モミを切ったら中は空だった▼

撮影：赤松富仁

種モミの中身はどこへ消えた?

種まきから二五日くらいたって、葉が三枚から四枚くらいになったころ、苗を一本抜いて調べてみましょう。写真のように種モミの部分がスカスカしていて、中に空洞ができていることがわかります。

種モミが芽を出して、葉や根が十分大きくなるまでの間、稲は成長に必要な養分を外から吸収することができません。そこで、芽を出してからしばらくは、種モミの中に蓄えられていた養分（デンプン）を使って成長します。これは、前年に親の稲が子どものために用意してくれたおべんとうのようなもので、胚乳といいます。芽を出してから二〇日も過ぎると、このおべんとうをほとんど食べつくしてしまい、スカスカになるわけです。

デンプンはヨウ素液に反応して紫色に染まるから、ヨードチンキなどを使って、おべんとうの減り具合を詳しく調べることもできます（二四頁参照）。

（筑波大附属駒場中・高）

5月 田んぼの土って？

稲を育てるのに、いい土ってどんな土なんだろう。
田んぼの土は畑と一緒かな。
栄養は？　水はけは？

5月　三種類の土で稲の成長を比較

編集部

●目的を定めればもっと面白い

連休明けの五月の学校は、行事がつづき、落ち着いて授業のしにくい時期。バケツ稲栽培では、種まきや苗の移植をすませて、ほっと一息といったところだろうか。忙しさにまぎれて手抜きをしがちだが、ここで子どもたちが栽培に熱中できる工夫をしておくと、その後の展開がぐんと楽になってくる。

五年生を担任してバケツ稲に取り組むことになった大槻逸子先生（福島県須賀川市立第一小学校）は、「ただ栽培するだけではつまらない、目的を持って栽培すればもっと面白い」と考えて、子どもたちに、比較栽培を持ちかけてみた。すると子どもたちは、早速その話に乗ってきた（二〇〇一年度）。

●調べ学習で湧いてきた稲への意欲

大槻先生は、「比べること以外はすべて同じ条件にするんだよ」と伝えただけで、何を比べるのか、どうやって観察するのか、観察した結果をどう表現するのかは、子どもたちにまかせることにした。

といっても、突然子どもたちにまかせたわけではない。四月いっぱいは、社会科でお米の調べ学習をしていた。校区内に田んぼがないので、「自分たちが食べているお米のことを何も知らない」ことに気づいた子どもたちは、

図1　日なたと日かげの稲の草丈の推移

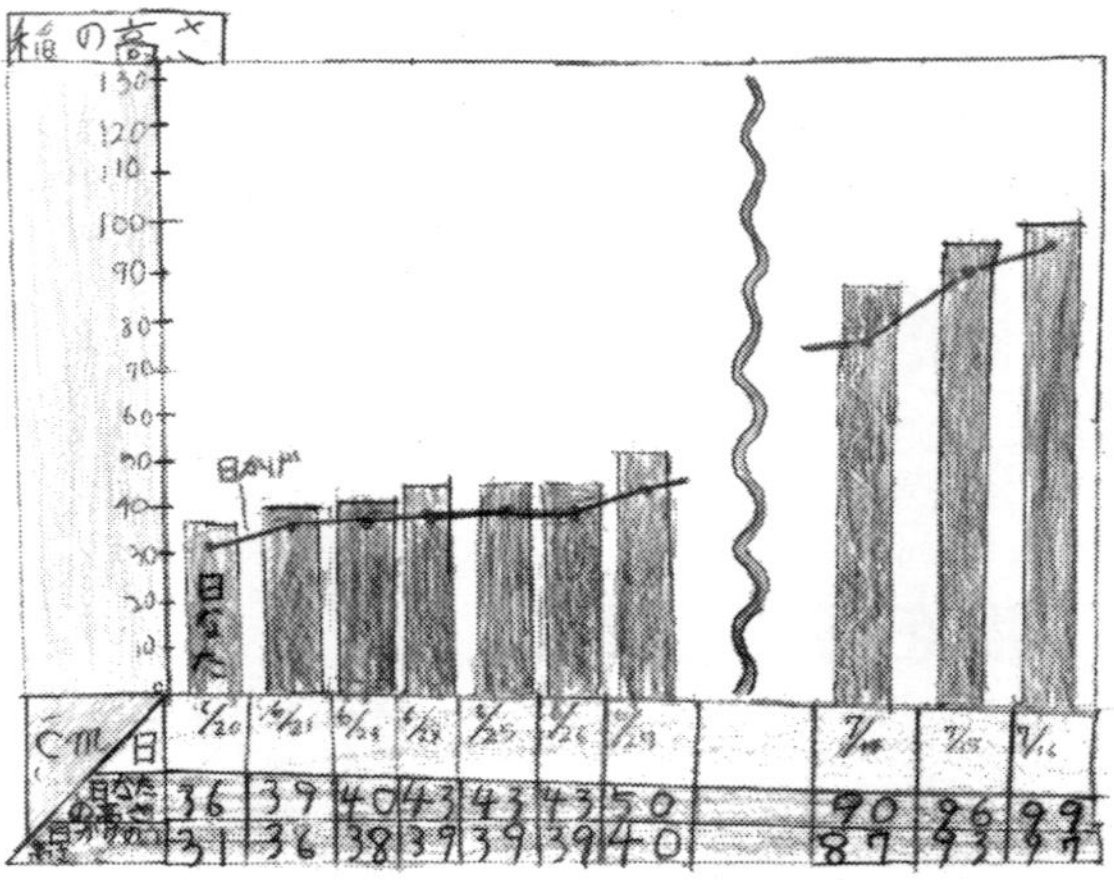

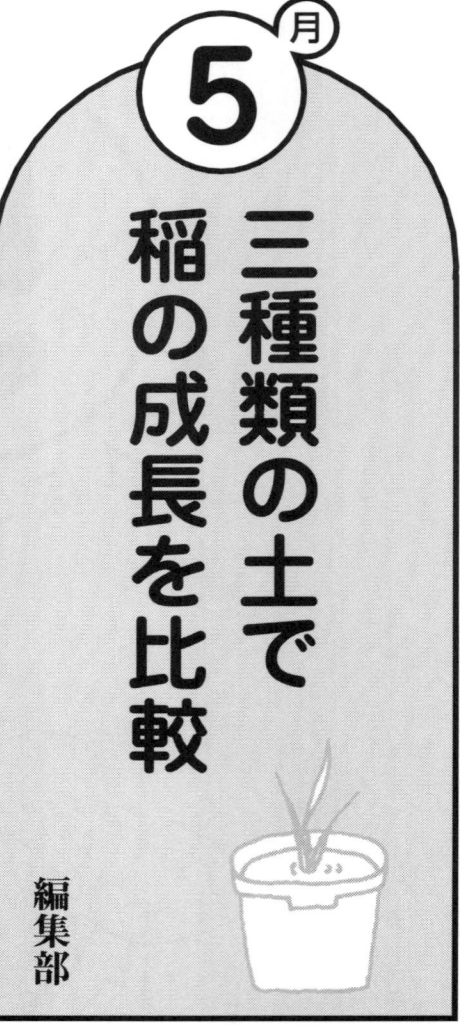

進んで調べ学習に取り組んだ。お米屋さんや稲つくりをしている友だちのおばあさんのところへも、聞き取り調査に行った。そんななか、資料集の「お米を自分でつくってみよう」という記述を読んだ子どもたちは、教師が持ちかけるまでもなく、「稲つくりがしたい」という気持ちになっていたのだ。

稲が子どもたちの分身になった

クラスの三一人の子どもたちが、「稲の育ち」「生き物」「日照時間」「水量」「土の質」「肥料の量」「土の量」「稲の本数」という八つのテーマの班に分かれ、比較栽培がはじまったのは、五月の末。観察の結果をどう表現するのか、各班では激しいやり取りで議論がつづいた。

その間、大槻先生は口出しをしなかった。たとえば、図1をご覧いただきたい。大人なら、すべて折れ線グラフで表現したくなるが、棒グラフと折れ線グラフを組み合わせれば見やすくなる、というのが子どもならではの発想だ。そんな発想を矯正したりせず、子どもにまかせたところから、比較栽培への意欲が湧いてきた。大槻先生の言葉によれば、「稲が子どもたちの分身になっていった」のである。

ひっくり返った成育予想

ここで、土の質の比較研究班の研究内容を見てみよう。

図2　3種類の土で比較する研究がはじまった（6月15日）

〔育苗培土〕　〔砂場の砂〕　〔バーミキュライト〕

・バケツは20ℓのポリバケツ、稲は2本植える、土の量を同じにする、品種はコシヒカリ、という条件は同じ。

〔5月30日の記録より〕

- ・研究を始める前に話し合った。
- ・それで土・砂・バーミキュライトに分かれることにした。
- ・土は今やっているのを使った。
- ・砂は、校庭の砂場を使った。
- ・バーミキュライトは、先生が買ってきてくれたのを使った。
- ・みんな、一番バーミキュライトがのびると思っていた。
- ・二番目が土、三番目が砂だと思っていた。

図3　3種類の土で育てた稲の草丈の推移

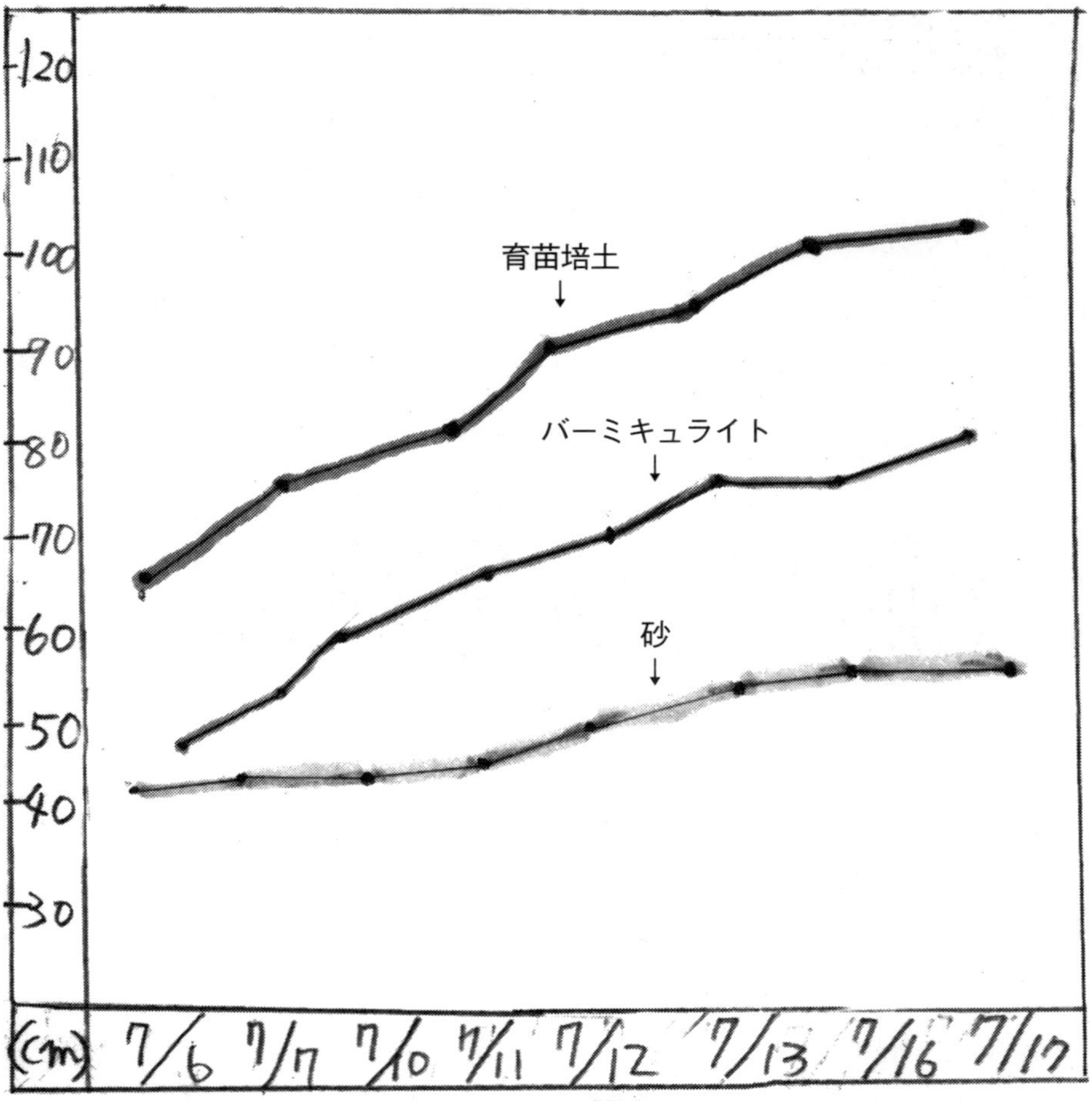

四人の班員は、稲用の育苗培土、バーミキュライト（鉱物資材）、砂場の砂という具合に土の質だけ変えて、植付け本数（二本）、土の量は同じにして、比較栽培をはじめた（図2参照）。育苗培土は近所の農協が用意してくれたもの、バーミキュライトは大槻先生が園芸店から購入してくれたもの、稲はこれも農協が用意してくれたコシヒカリの苗を植えた。元肥は入れず、追肥は液肥を少し施した。

　子どもたちの生育予想は、バーミキュライト→育苗培土→砂の順だった。バーミキュライトを一番にしたのは、大槻先生がわざわざ買ってくれたものだからかもしれない。

　しかし予想に反して、稲の成長は、育苗培土がバーミキュライトを大きく上回った（図3参照）。よく観察していると、稲には急に成長する時期と、ゆっくり成長する時期があることがわかってきた。また、育苗培土の稲の葉の色は、バーミキュライトの稲と比べて、緑が濃いこともわかってきた。

土選びの大切さを発見

　結局、収穫時の成長の順位は、上から育苗培土、バーミキュライト、砂の順番だった（図4参照）。養分をあまり含まないバーミキュライトの成育が、育苗培土に負けるのは、専門家にとっては当たり前の結果かもしれないが、何も知らない子どもたちには、土選びが稲の生育を左右することを実感する驚き体験だった。ある班員はこう書いている。「土の質がちがうだけで大きさや長さまでも大きなちがいがでてビックリしました。農業の人は、育てるほかに土もえらばないといけないと思います」。

図4　稲刈り直前の3種類の稲の様子（10月1日）

	〔育苗用培土〕	〔バーミキュライト〕	〔砂場の砂〕
長さ	126cm	110cm	77cm
葉の数	107枚	71枚	16枚
穂の数	77本	41本	9本
1本の実の数	110つぶ	92つぶ	47つぶ
実全部	8470つぶ	3272つぶ	423つぶ

農業にとって土がいかに大切かが、わかってきた子どもたちである。この比較研究で、田んぼの土をもらってきて比較しても、面白かったかもしれない。順位比べはともかく（田んぼの土が一番なのははっきりしているから）、稲の生き生きした様子、バケツに湧いてくる生き物の多様さに、子どもたちは驚くはずだ。

そして、田んぼの土は、自然にできたものではなく、農家が長い年月をかけて作り上げてきたことを学べば（地域の農家に聞取りをしてもよい）、農業は食料を生産するだけでなく、地域の風土そのものをつくってきたことを、実感するにちがいない。

できたのか

東京大学附属中等教育学校
山岡　寛人

森林の土を掘ってみると

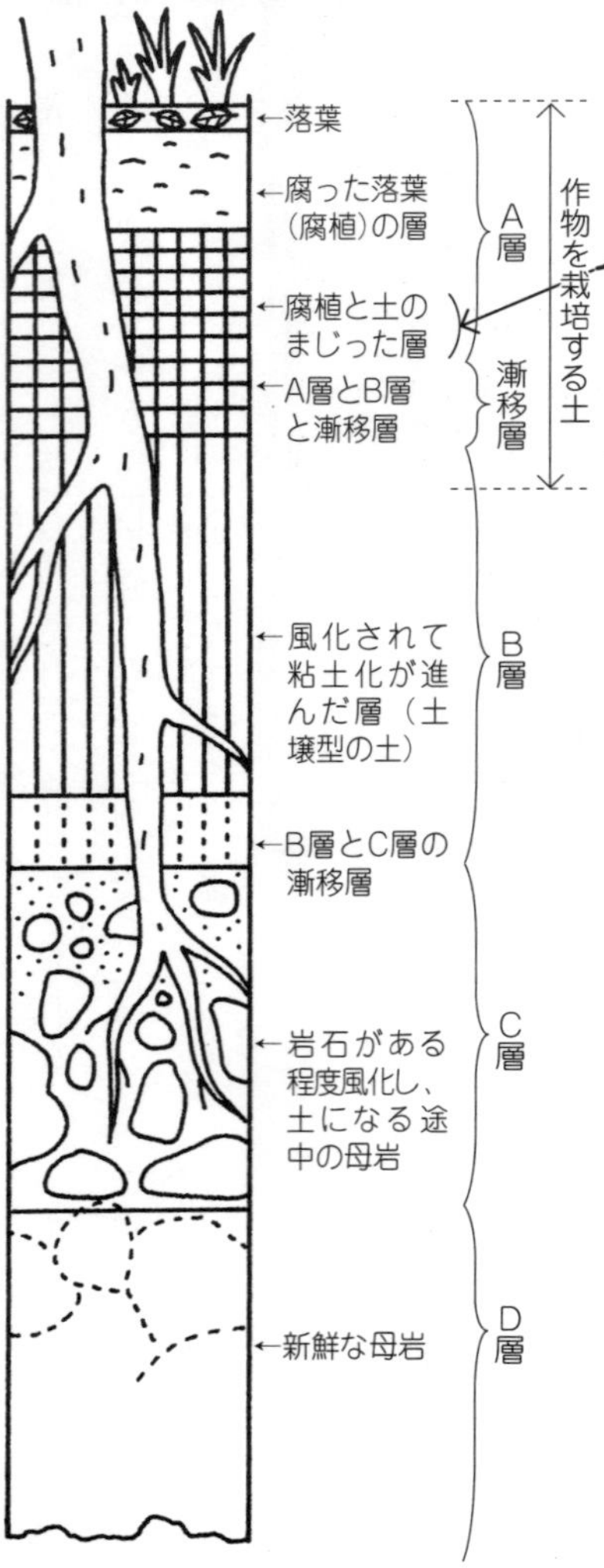

図3　土の断面図

（2）園芸栽培に使われる「土」

園芸店では袋に詰められたさまざまな「土」が販売されています。代表的なものの特徴を紹介しましょう。

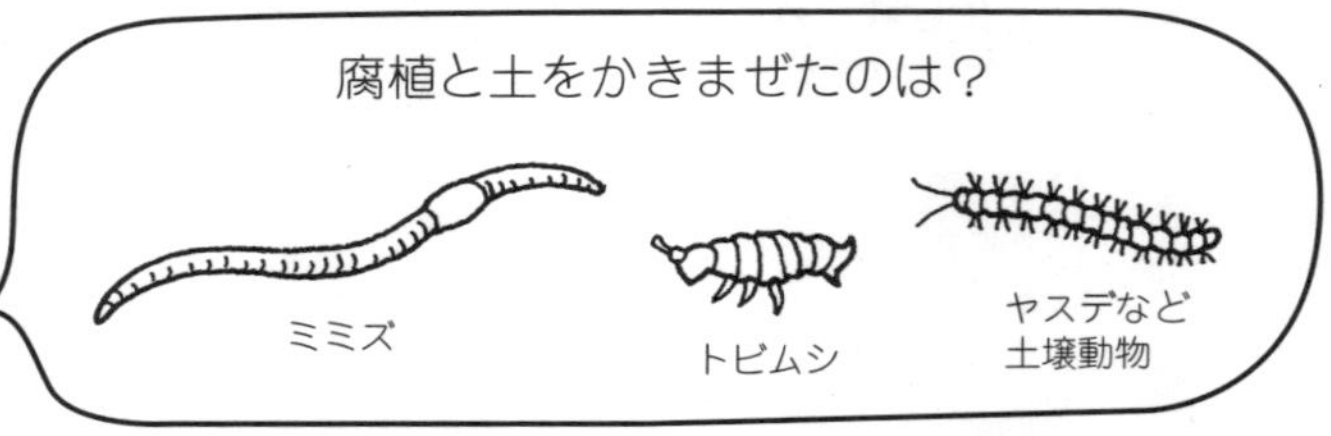

赤土（図3のC層）：陸地に降り積もった火山灰が長い時間をかけ、太陽や雨水にさらされ、風化してできた土です。黄褐色から褐色まで色合いはいろいろです。火山灰に起源しているので軽く、乾燥すると風に舞いあげられます。粘土の粒より大きいので、通気性や通水性、保水性があります。鉄やアルミニウムによってリン酸が吸着し、リンが欠乏する土です。なお、赤玉は乾燥して固まった赤土を細かく砕いたものです。赤土は正しくは（土壌学では）ロームと言います。

黒土（図3のA層とB層）：赤土に落ち葉や枯れ草が腐ってできた腐植がまざって黒色になったものです。正しくは黒ボク土と言います。ロシアのウクライナ地方に広がる黒々した肥沃な土であるチェルノーゼムに似ていますが、おおもとは赤土なのでリンが欠乏するやせた土です。畑の黒土は、農家の人びとが長い時間をかけて堆肥や下肥、石灰などをすき込むなかで肥沃な黒土に変えられてきました。

鹿沼土（図3のC層）：火山が爆発したときに吹き飛ばされた小さな軽石の粒（正しくはスコリア）が堆積し、風化したものです。肥料を保持する力はありませんが、多孔質で水をよく保持するので、盆栽の培養土としてよく使われます。栃木県今市付近に産出します。

腐葉土（図3の腐植）：積み重ねた落ち葉を腐らせて腐植にしたもので、園芸上のことばです。砂や粘土などの粒は入っていません。床土などにすき込んで使います。

ピートモス（湿地の腐植）：ミズゴケの泥炭のことで、園芸上のことばです。ミズゴケは寒冷地の湿地に生えています。枯れたミズゴケは細菌の少ない冷たい水に浸かったまま堆積するので、腐らず、酸素を絶たれて炭化します。スポンジ状で水をよく保持し、細菌を含んでいないので、小さな種子を発芽させるのに適しています。

バーミキュライト（人工物）：黒雲母を加熱するとヒルやミミズのようにグニャグニャ動きながら伸びます。それでひる石とよばれることがあります。これを砕いたものがバーミキュライトです。もとになった黒雲母は鉱物ですから無菌で、フワフワしてすき間ができるので土の構造を改良するのに使います。なお、バーミキュライトはカリウムと結合しやすく、植物のカリウム吸収が悪くなるようです。

パーライト（人工物）：ガラス質に富んだ黒曜石の粉を急激に加熱すると、丸くふくらみます。多孔質なので水をよく保持します。また、軽くて丸いので土の構造を改良するのに使います。

日本の土はどうやって

5月

（1）日本の土

土とは?

地球は半径約6300kmの球体です。地球のいちばん外側は厚さ約40kmの地殻で、花こう岩や玄武岩などの岩石からできています。土（土壌）は地殻の表面が太陽の熱や雨水による風化作用や浸食作用を受けて細かくなり、生物(とりわけ植物)の作用などを受けながらいくつかの薄い層に分かれたものです。厚さは2mほどです。土壌は地殻の表面にある薄皮と言ってもよいでしょう。

図1　日本の土壌型

A：ポドソル
B：褐色森林土
C：BとD・dの中間
D：黄褐色森林土
d：同上（赤黄色土もある）
E：赤黄色土
なお、黒ぬり部分：黒ボク土

（B〜d）褐色森林土として大きくまとめることができる

これを面積の割合で示すと右の円グラフのようになる

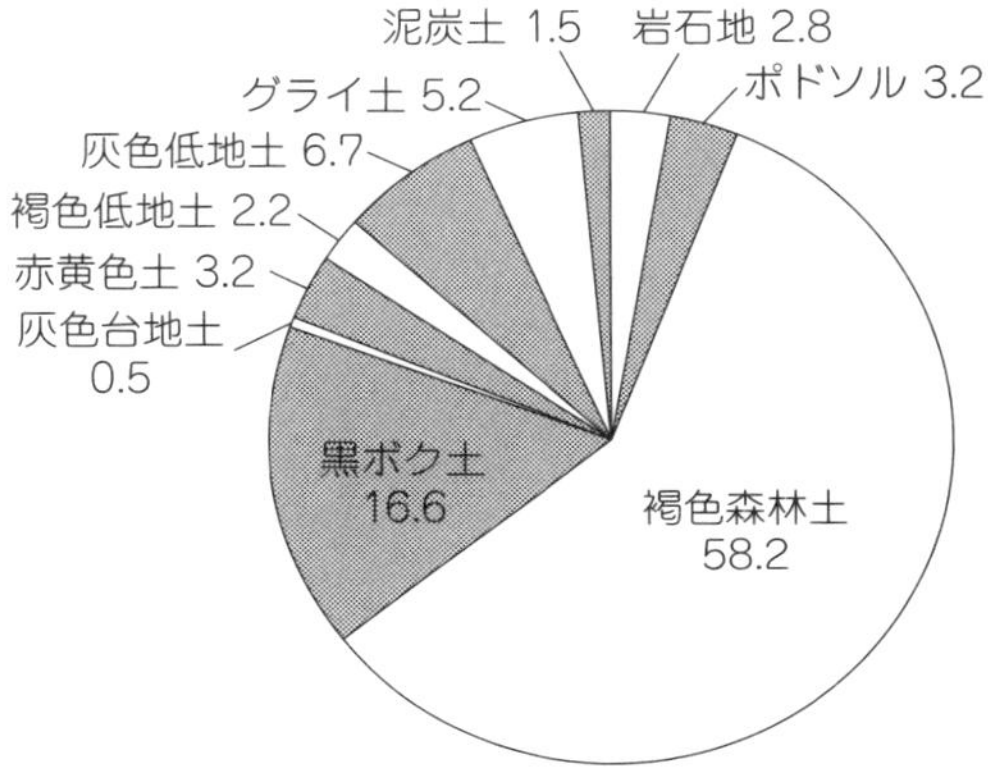

図2　日本の土壌の分布

日本の土壌型

日本は世界的に見ると温暖で雨がたくさん降ります。このような気候だと地表は森林でおおわれます。このため、日本の土壌は森林の影響を受けてできあがってきました。

日本は、南北に長く、北と南では気候が異なります。したがって、北と南とでは森林の様子が異なり、土の様子も違います。日本の国土は気候と植生に対応しながら大きく4つの土壌型に区分できます。人間によって耕されたことのない森林の地面を掘り起こすと、腐植の下にこれらの土を確認できるでしょう。

土の多様な姿

日本の国土を細かく見ると、河川敷や崩れた斜面のように森林が成立できないような土地があります。農業の拡大にともない、森林が切り開かれて畑などに姿をかえたところがあります。さらには水はけのよい土地、水はけの悪い土地もあるでしょう。このため、私たちが目にする土は多様な姿をとります。また、日本は火山国なので比較的平らなところに降り積もった火山灰（地殻をつくる岩石のかけら）に起源する黒ボク土が日本の国土の1/6の面積（約17%）をおおっています。これは気候や植生とは無関係です。そして、平らなところは畑に適しているので、多くの畑の土は黒ボク土です。黒ボク土は関東、東北、九州、北海道地方に多く見られます。

“感じる”

東京大学附属中等教育学校
山岡　寛人

(3) 実験　田んぼの土と畑の土の違いを体感しよう

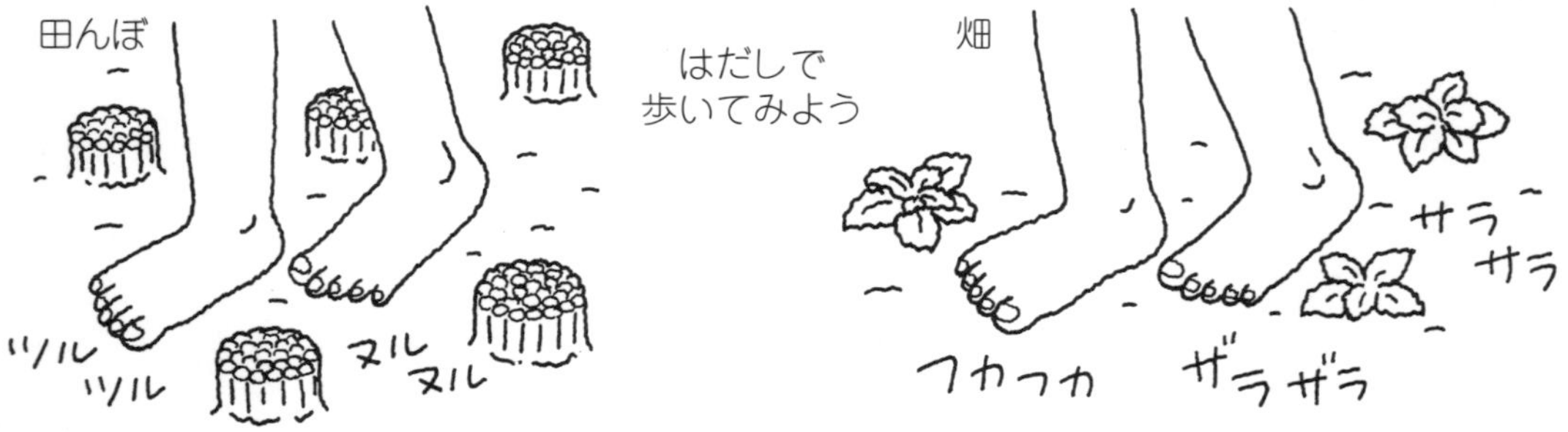
田んぼ
はだしで
歩いてみよう
畑
ツルツル
ツルツル
ヌルヌル
フカフカ
ザラザラ
サラサラ

＜手順＞

①田起こし前の水田にはだしで入って、水田の土を踏んでみよう。どんな感じがするだろうか?
②畑（できたら黒ボク土の畑）にはだしで入って、畑の土を踏んでみよう。どんな感じがするだろうか?
③水田と畑の土の感触の違いをまとめよう。

＜違いと考察＞

①畑の土はフカフカして軽い感じがするが、田んぼの土は固くて重い感じがする。
（理由）土の粒がいくつかまとまり、団粒構造をつくるのですき間があるからフカフカしている。水田の土は土の粒がまとまらない単粒構造なので、重くて固くしまった感じがする。
②水田の土はツルツル、ヌルヌルした感じがする。畑の土はどちらかというとザラザラ、サラサラした感じがする。
（理由）水田は畑と違って水を張ります。水田から水が抜けないようにするため、土の粒を小さくするように工夫されてきました。水田の土の粒は砂よりは小さな粘土、砂と粘土の中間の大きさであるシルトが中心です。それで水田の土はツルツル、ヌルヌルした感じになります。

田んぼの土の特色

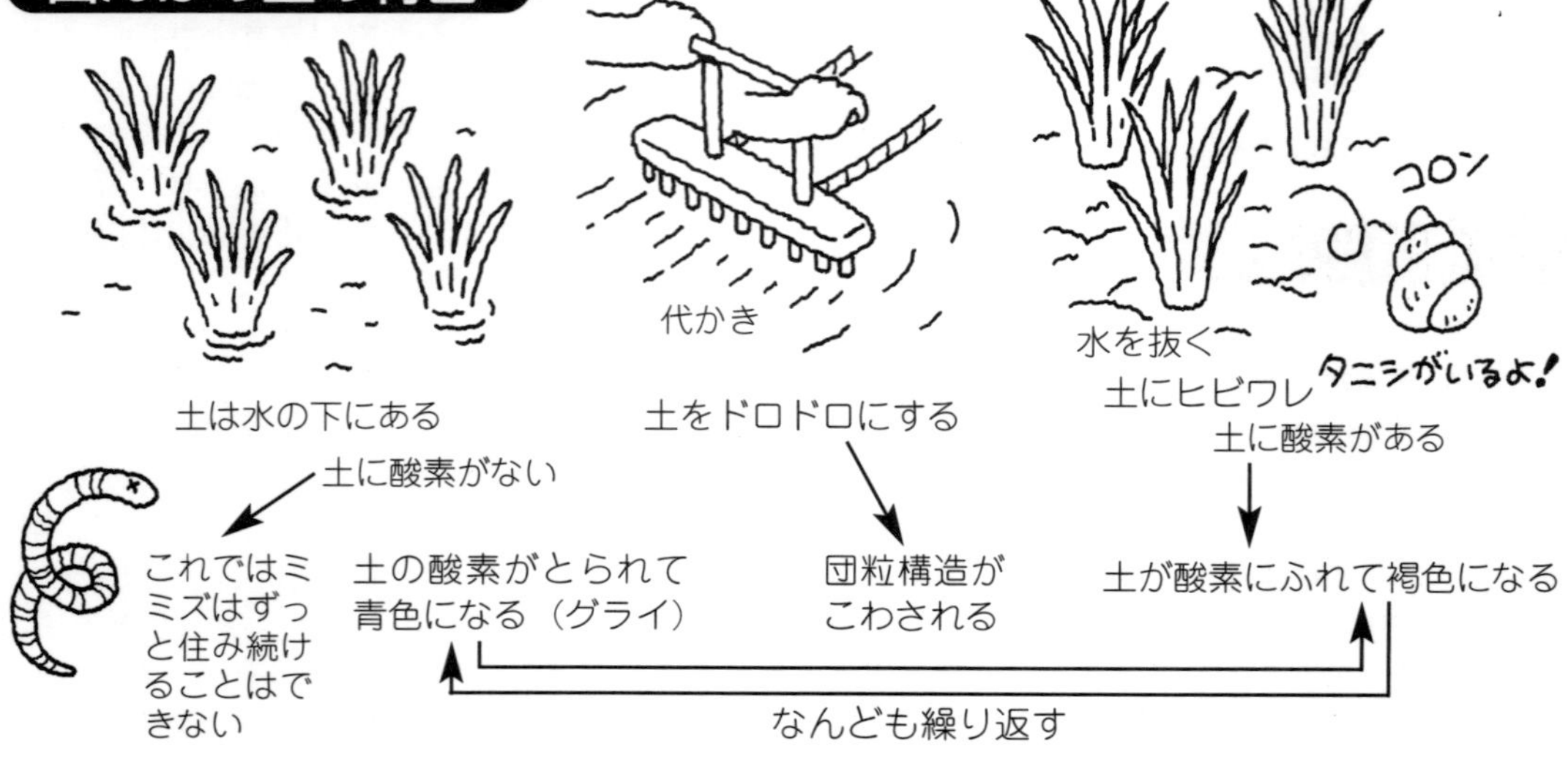
代かき
水を抜く
コロン
タニシがいるよ!
土は水の下にある
土をドロドロにする
土にヒビワレ
土に酸素がある
土に酸素がない
これではミミズはずっと住み続けることはできない
土の酸素がとられて青色になる（グライ）
団粒構造がこわされる
土が酸素にふれて褐色になる
なんども繰り返す

田んぼの土の特色を“見て”

5月

(1) 水田の土の特徴

水田は水を張らなければならないので、畑よりは水はけが悪くなければなりません。畑の土より、粘土やシルト（砂と粘土の中間の大きさの粒）が多くなります。また、代かきによって団粒構造がこわされます。水を張るので土壌動物は生活できません。水が土を覆っているので、畑の土に比べると酸素が少なくなります。土の酸素が少ないため、畑の土よりはｐＨが高く、アルカリ性になります。土がアルカリ性なので、稲が吸収できるリンが多くなります。

大量の水が水田の土を通過します。水田の土が水でていねいに洗われるというわけです。このため、いや地（連作で作物の出来が悪くなる現象）の原因になる物質が洗い流されてしまいます。水田で稲だけを単作･連作してもなんら障害がでない理由です。

水田の土には、もう一つ大きな特徴があります。水を張ったり、落としたりするために土が大きく変身を繰り返すことです。

田起こしのころの水田の土は褐色をしています。ところが水を張ると青色を帯びた土に変わります。水が落とされているときの水田の土は空気に触れています。また、ひび割れた地面から奥まで空気が入っていきます。このとき酸素が土に触れて酸化がすすみます。そして、褐色の鉄分(三価の鉄)を作ります。

また、水を満たすと空気が断たれます。このとき酸素を必要とするバクテリアが酸素をどんどん使ってしまいます。このため、土は酸素が不足し、酸化の反対の現象(還元)がすすみます。そして青色の鉄分(二価の鉄)を作ります。

水田の青色を帯びた土をグライと呼びます。

(2) 実験 田んぼの褐色の土を青色の土（グライ）に変えてみよう

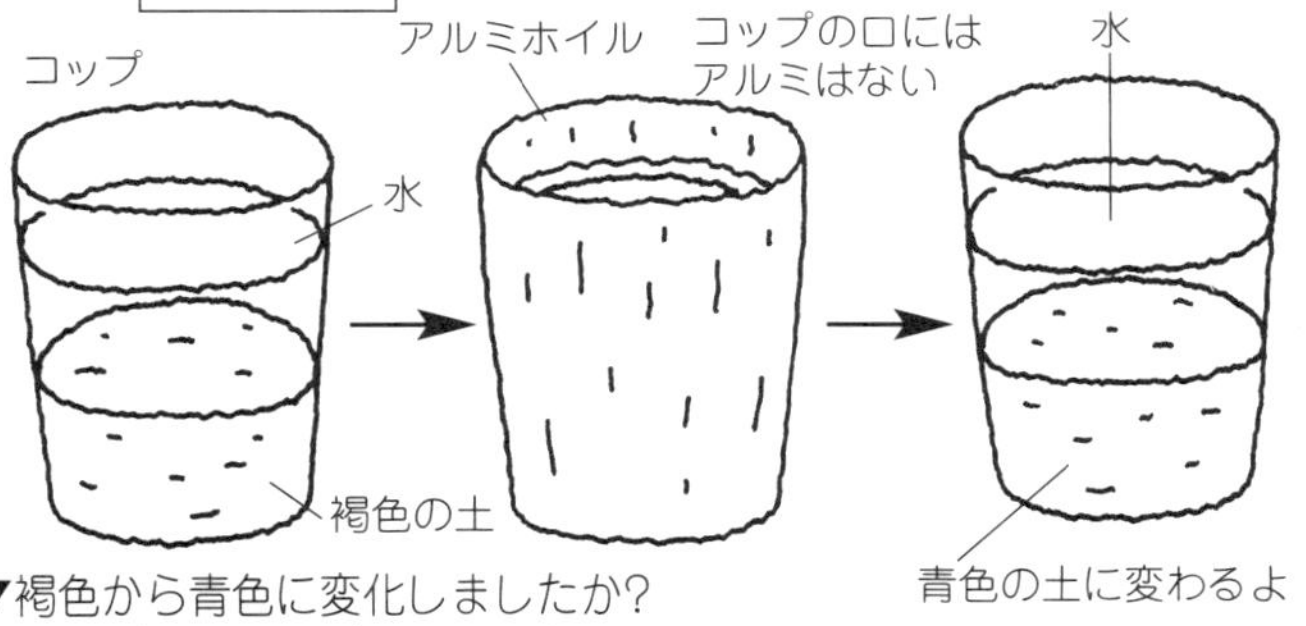

▼褐色から青色に変化しましたか?

▼全体が青みを帯びてきましたか?

▼いちばん上（表面）の色はどうなりましたか? 再び褐色に変わっていませんか? 水に溶けた酸素によって表面の土が再び酸化されたからです。

<準備するもの>

ひとにぎりの褐色の田んぼの土、コップ、アルミホイル

<手順>

①褐色の水田の土をよく乾かします。
②乾いた土を細かく砕きます。
③コップに水を入れ、砕いた土をそそぎこんでよく混ぜます。
④しばらくおくと土が沈みます。土の色を観察しましょう。
⑤コップのまわりをアルミホイルで包んで､机の上などに置いておきます。25℃ぐらいの温度が最適です。
⑥毎日、アルミホイルをとり、土の色を観察しましょう。

フカフカした畑の土の団粒構造

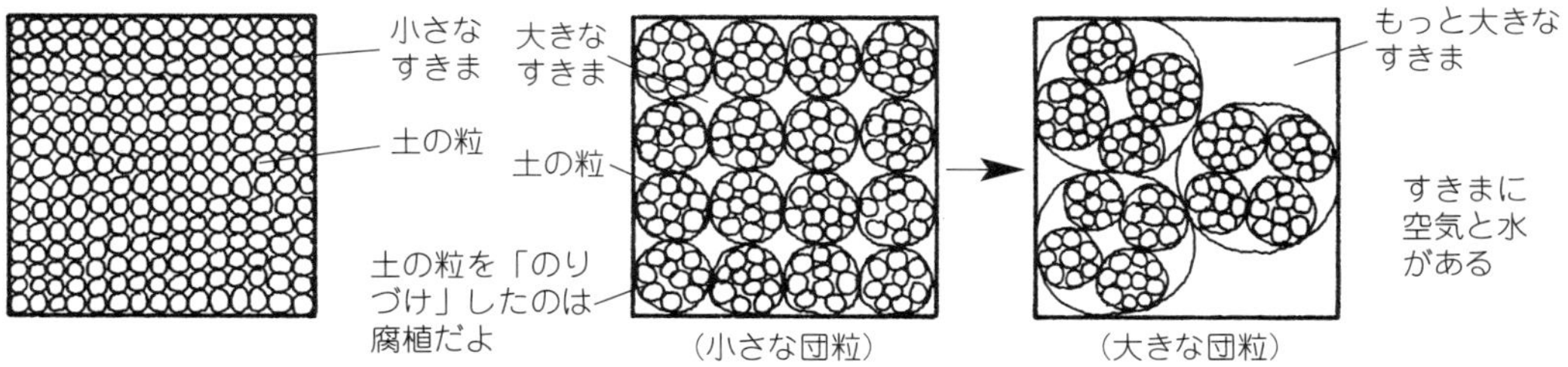

田んぼの土→単粒構造

畑の土→団粒構造

発展

二二品種を栽培して比較研究

編集部

品種で困ったら試験場へ

いろいろな稲の品種を比較栽培する方法もある。二二の品種を一人一品種の見当で栽培したのは、三重県大安町立丹生川小学校の五年生（平成十三年度・神谷祥子先生担任）。赤米、紫黒米、などの古代米から、もち米、うるち米にいたるまでの品種を提供してくれたのは、前年度のバケツ稲栽培でもお世話になった、古代米研究家の大塚文平さん（隣町の菰野町在住）。

こういう後ろ盾がいると心強いが、都道府県の農業試験場に問い合わせても、それぞれの地域内で栽培されているいろいろな品種の種モミを入手できる（丹生川小ではこの年の六年生は、三重県の農業試験場に問い合わせて、県内の十数品種を入手して比較栽培をした）。

生育のちがいを楽しもう

いろいろな品種を栽培して面白いことは、品種によって稲の生育の仕方がちがうことを、目の当たりにできることだ。たとえば、同じ赤米でも、対馬の赤米と種子島の赤米では、出穂期が半月もちがう（図2参照）。また、日本晴やコシヒカリなら、夏休み中でなければ稲の開花を観察できないが、北海道の品種なら、夏休み前に開花を観察できる（関東以南で栽培すれば）。

さらに収穫してからも、食べ比べに挑戦できたり（九〇頁参照）、世界各地の品種を栽培していれば、各国の人を招いて、その国の料理を作りながら交流することもできる。

図１　22品種の稲をバケツで栽培したらこんなに個性的な稲になった（平成13年度◎丹生川小の5年生）

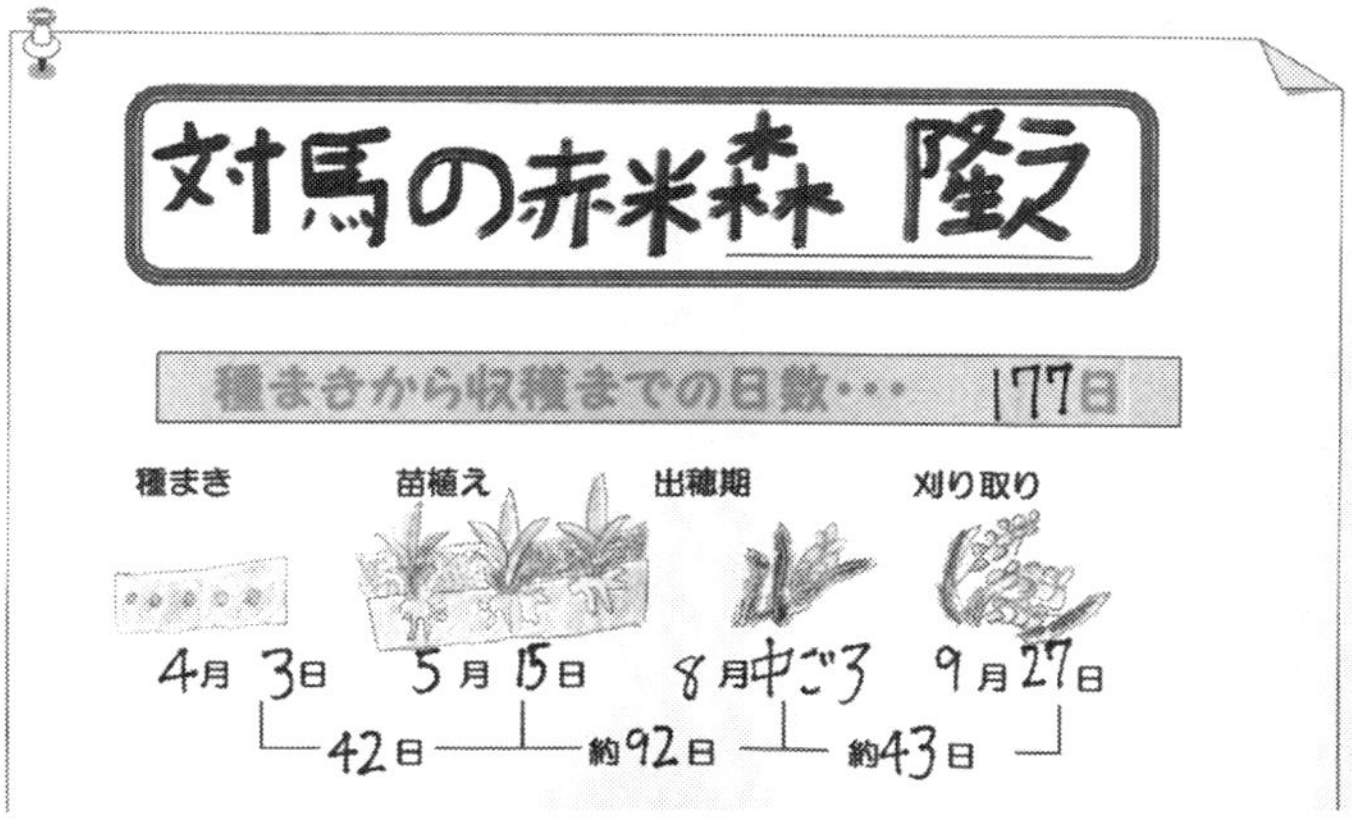

図２　同じ赤米でも、対馬の赤米と種子島の赤米では、出穂期が半月近くちがう（丹生川小◎五年生の観察ノートより）

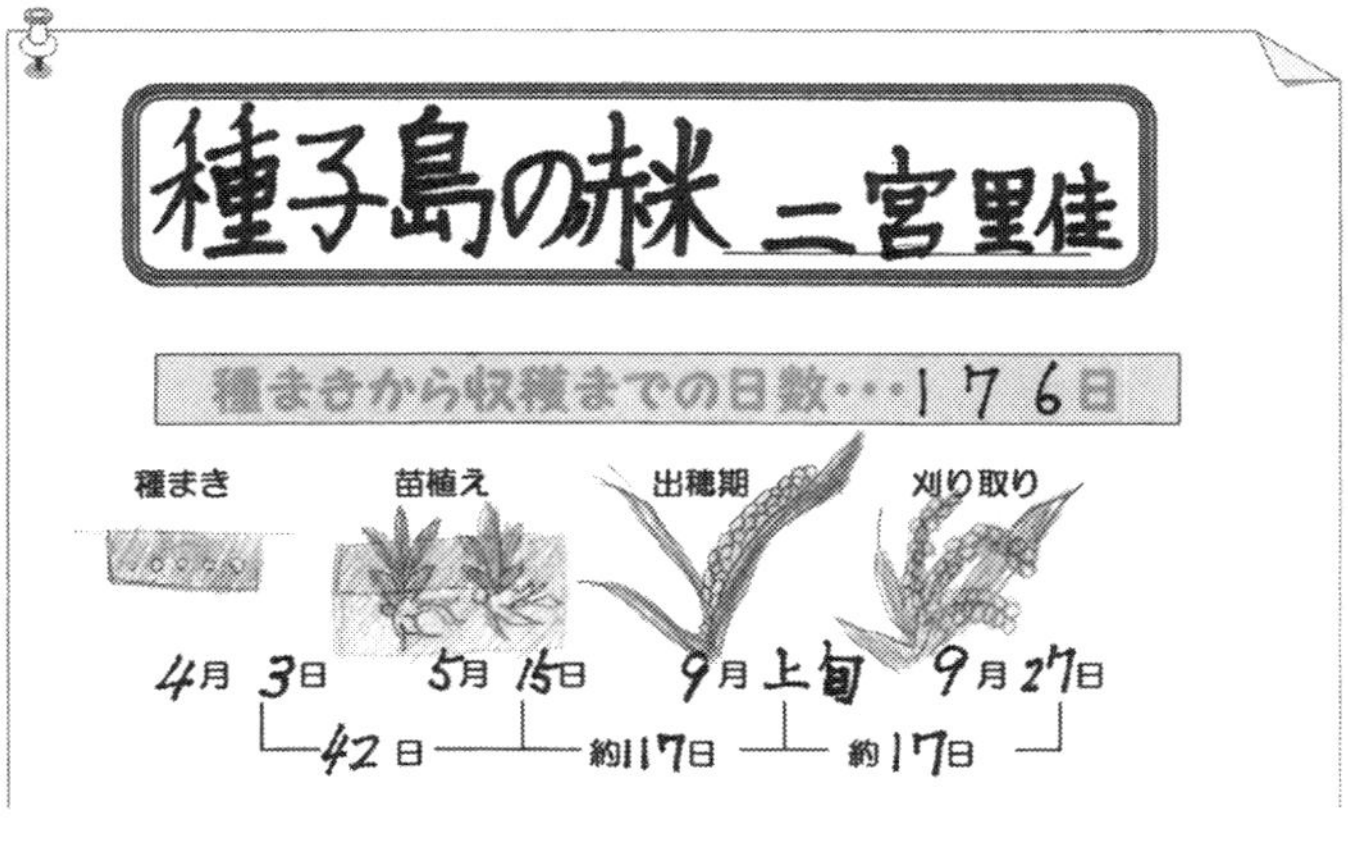

コラム　稲の生命を感じる観察のポイント②　市川　道和

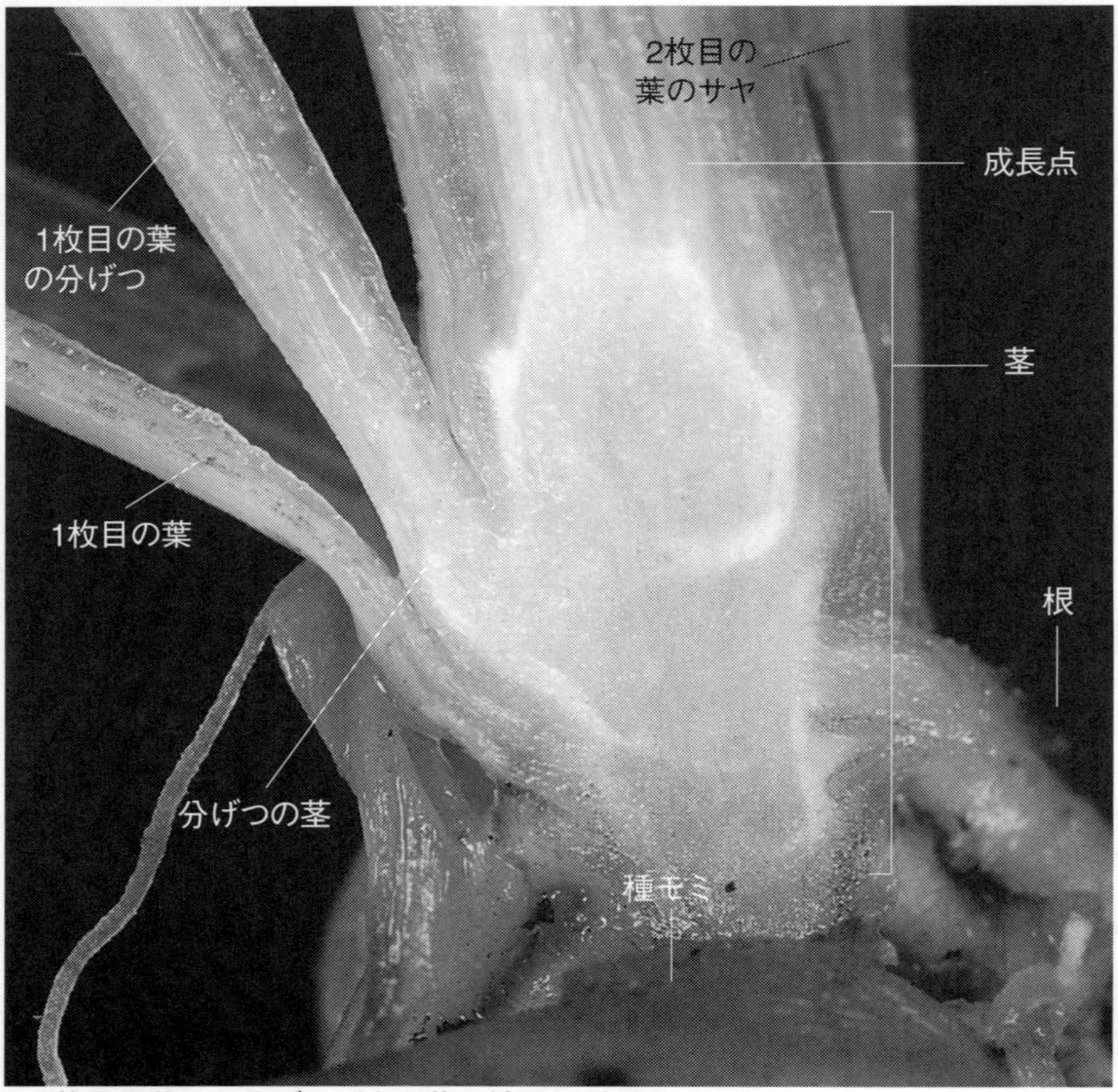

撮影：赤松富仁

▲1枚目の葉から分げつが出た苗の株元の断面

どこまでが茎なのか？

学校や家のまわりで見かける草花の多くは、茎の長さによって高さ（草丈という）がほぼ決まってしまいます。つまり、大きな草花ほど茎が長いものと、私たちは思いがちです。ところが、草丈が一mにもなる稲では、見えているのは実は茎ではなく葉なのです。根元の部分で枝分かれ（分げつという）して、そのまま葉として細長く伸びているのです。

成育中の稲を抜いて、外側から葉を一枚ずつ取り除いてみましょう。根元近くの内部に、一㎝くらいの短い茎がかくれていて、分げつのもとになっているのがわかります。さらに、写真のように根元の部分を、よく切れるナイフを使ってたてに切ってみましょう。分げつするたびに、分げつの方向に少しだけ茎が出ていることがわかります。それから、地中に伸びていく根も、すべてこの短い茎から出ているのです。

（筑波大附属駒場中・高）

6月

◆さあ、田んぼフィールドワークへ◆

この発泡スチロールの水槽は、田んぼに
似せてつくってあるんだって。田んぼは、どうして
メダカやいろんな生きものにもすみやすいだろう？

6月

[一時間授業でできる]

気軽な〝田んぼ〟フィールドワーク

東京・羽村市立羽村第一中学校　福田　恵一

スズメよけに置かれたぬいぐるみとヘビのおもちゃ。農家のおじさんが置いていった

羽村市は、立川から青梅線で二〇分。市街地化が急激に進んだとはいえ、東京でもまだ畑や雑木林が残る地域です。なかでも、羽村一中は、多摩川にそった旧村部を学区としていて、徒歩一〇分の多摩川沿いに田んぼもあり、春にはそこがチューリップ畑となって、観光名所にもなっています。

週に一度、自転車登校を特別許可

今回の授業は、その田んぼを活用しながら、気軽に「田んぼを考える」ことをイメージした実践です。

二〇〇二年度から、中学校でも「総合的な学習の時間」とともに「選択教科」が大幅に増えました。社会科を担当する私も、「選択教科」は週四コマ。そうなると、すべての「選択」に、一年間を見通したフィールドワークや調査活動を組み込むのは、ややムリがあります。しかも、授業がその日の最終時間（五・六校時）でないと、時間をかけたフィールドワークもできません。

そこで、今年の選択「田んぼを考える」は、一時間の授業でできる「田んぼ」のフィールドワークや観察活動を気軽に行ない、少しでも「田んぼ」や「稲＝米づくり」のメカニズムがつかめれば、と考えました。

制服姿で田植えに飛び入り参加

集まったメンバーは、行動派？の三年生男子五人。これも考えたとおりです（デスクワークよりどっかにでかけよう、というメンバー）。授業は、金曜日の五校時。六校時には別の授業がありますから、すべてを一時間内に行なわなくてはなりません。

田んぼに出かける日は、特別に自転車での登校を許可してもらい、春からさっそく田んぼに出かけます。自転車なら田んぼまで五分の距離です。

制服姿で田植え！

五月の初めは、まだ水の入っていない田んぼを見せ、田んぼが、水を入れたり抜いたりできることを知ります。この地域での田植えは、五月の終わりから六月初め。たまたま出かけた日に田植えをしていたおじさんにお願いして、田植え機の入らない部分に田植えをさせてもらいました。（以前、「米を考える」というテーマで、まじめに一年間の授業をしたこともあり、この地域の稲作農家には知り合いが多い。稲作農家とはいえ、みなさん水田はわずか自家用米分のみ。しかし、低農薬でていねいな米づくりなので、中学生には最適のフィールドです）。子どもたちは、制服のズボンをまくって田んぼに入り、土の感触を感じ取ります。

六月、田植え時に分けてもらった補植用の苗を、一人二つずつ用意した学校のバケツ田んぼに田植えです。ここでも、モミを塩水につけて、発芽の観察をして……などの部分は省略。いっぽうで、雨が降って田んぼに行けないときにもバケツイネの観察をすれば、という皮算用もありました（大々的に農家と日程を調整して田植えなどを計画すると、それが雨で中止になったときのショックが大きい。週一時間と決まった授業では延期もできないし、その日やることもなくなる。前回まじめにやったときの苦い経験です）。

水をあたためる工夫を実感

別の日、オタマジャクシをとりに、バケツと網を持って田んぼに出かけます。田んぼにはオタマジャクシがあちこちにいます。道端やコンクリートの畦から、子どもたちは夢中でそれを追いかけます。こちらが注意するのは、田んぼの境の土の畦にはのらないこと。この畦が、それぞれの田んぼの水を確保していることを教えます。

七月には、ヤゴや水生昆虫をとりに出かけます。田んぼの中を網ですくうと、一回に大小数匹ずつヤゴがとれます。それだけでも田んぼが養う生きものの豊かさが感じとれます。ここでも、どのヤゴが何トンボか？などは調べませんでした。

ところで、夏の田んぼの水は、まるでお湯のようなあたたかさです。ひとしきりオタマジャクシやヤゴとりに興じると、子どもたちの手も足もドロだらけ。そこで、農家のおじさんたちにならって、近くを流れる用水路（残念ながらU字溝）で手足を洗うのですが、その水のなんと冷たいこと。そこで、もう一度田んぼに目をやると、田んぼには水路からの水をあたためながら導水するしきりが作られたりしています。そこで「この水温の高さが稲を育てるんだ。そして、田んぼには水をあたためながら入れる工夫がしてあるんだね」と話します。

川より高い用水路（左）。多摩川（右）の上流から引かれる

田んぼより低い多摩川から どうやって水を引く？

また、水の入った田んぼを前にした

図　水をあたためるしかけ

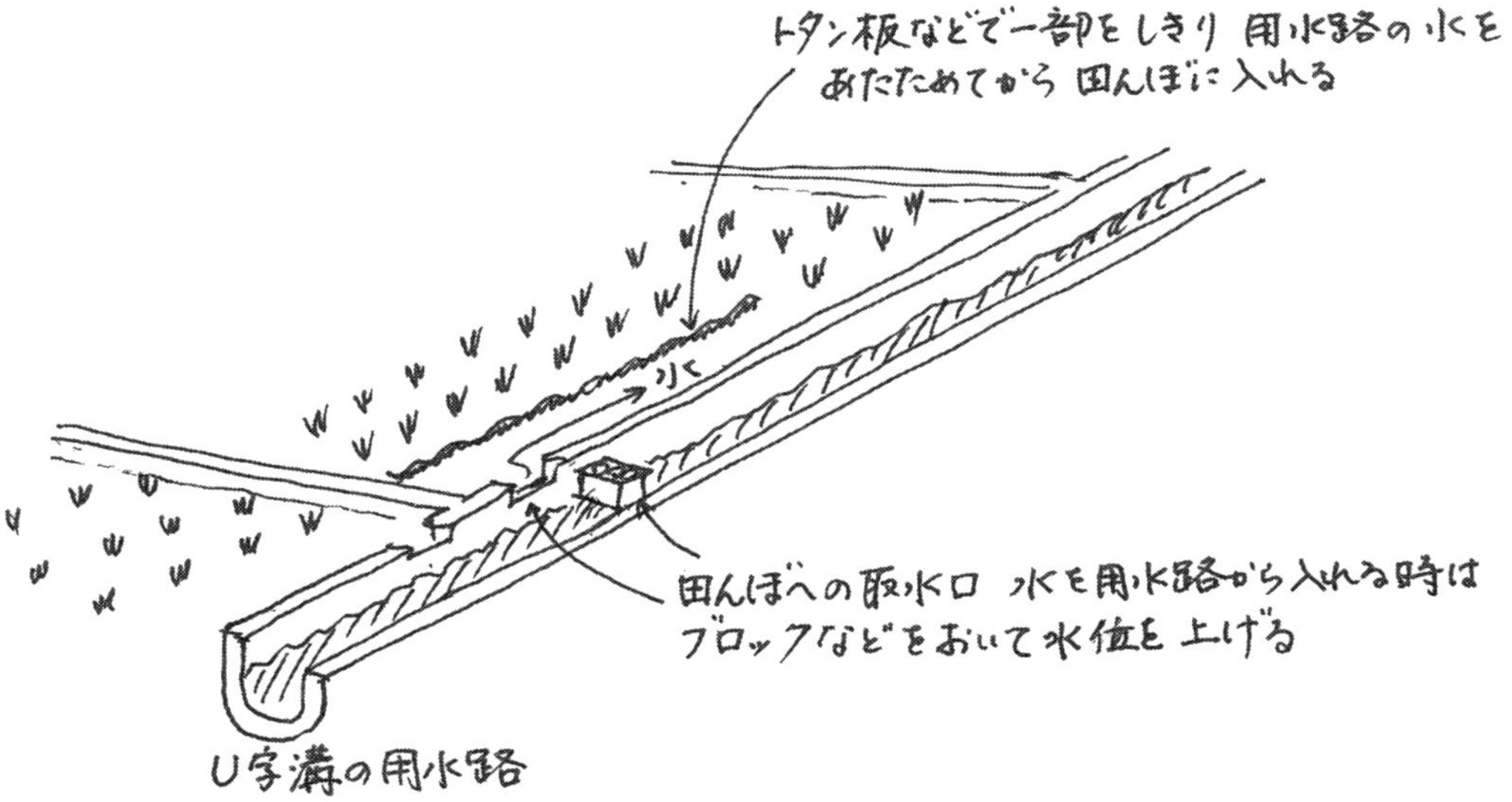
トタン板などで一部をしきり 用水路の水をあたためてから田んぼに入れる
水
田んぼへの取水口 水を用水路から入れる時はブロックなどをおいて水位を上げる
U字溝の用水路

ら、どこかで必ず「この田んぼの水は、どこから来るんだろう？」と質問します。田んぼは多摩川の堤防のすぐわきから広がっていますから、子どもたちは即座に「多摩川！」と答えます。そこで、堤防の上から田んぼを眺めさせて「田んぼの面と多摩川の水面とどっちが高い？」と質問します。堤防の向こうの低いところを流れる多摩川からどうやって水を引くのか？「堤防にトンネルが掘ってあるんじゃ？」「機械でくみ上げて」……では、水路をたどってみよう、と別の日に用水路を上流にたどり、一km先の小作堰までフィールドワークです。用水が田んぼの面より高い上流から引かれていることが、イメージできるようになりました。

「気軽さ」も大事にしたい

がんばってていねいに観察したり、大がかりな体験をさせたりすることで得るものも大きいでしょう。

しかしいっぽうで、こんなふうに肩をはらず、週一時間の授業でできること、また子どもたちの楽しめることからでも、けっこう田んぼのメカニズムや稲の生理が見えてきて、そのステキさ、すばらしさを伝えられるのでは。と、自分でもあらためて感じた授業でした。もちろん、その基礎となる地域とのつながりや、教師自身の稲、水田に対する一定の知識などは欠かせません。その意味では、私自身かつてのまじめな取り組みの経験が大きかったのは事実です。

発展

カブトエビの越年ふ化に成功！

東京・目黒区立不動小学校　上田　享志

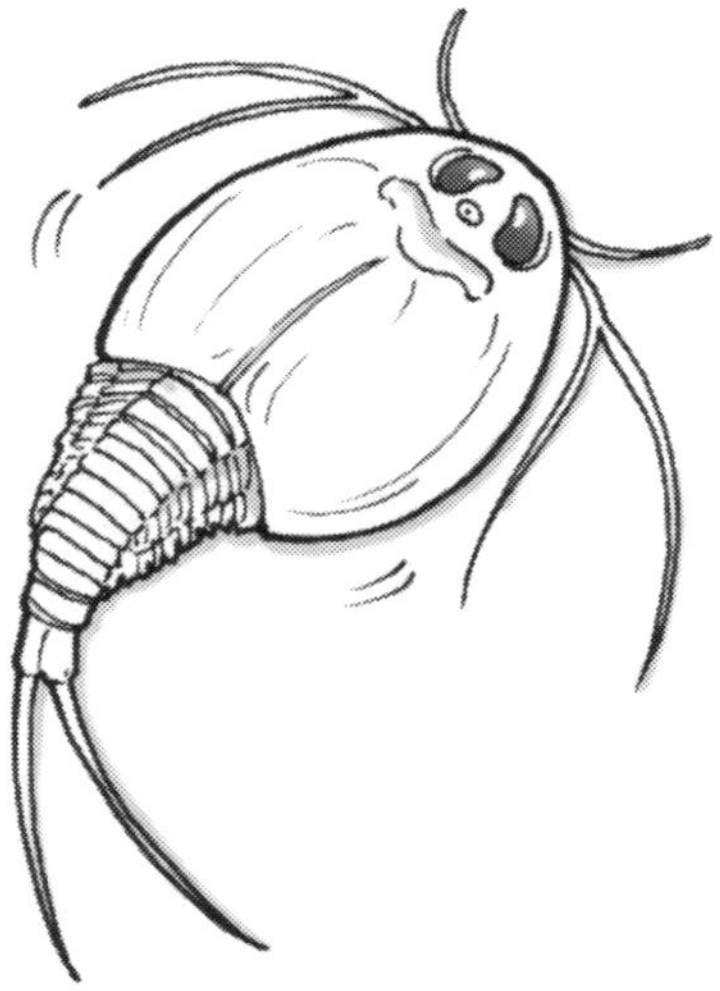

ヨーロッパカブトエビ、アメリカカブトエビにはオスがいない

米屋で〝まずいお米〟をリクエスト

本校に赴任した四年前の四月、私は学区域内のお店で買い物をして回った。今でこそ、どこの学校でも人材リストをつくっているが、当時はまだ一個人の努力によるところが大きかった。

五年生の社会科で、値段の高いお米と安いお米を食べ比べる授業をしてみたいと思い、お米屋さんに飛び込み正直に話してみた。「味に差が出るでしょうか?」との質問に、「まずいお米はこれですなんて米屋が言えないでしょう」と答え、二人で大笑いした。以来、おつきあいいただいているのが、(有) 清水精米所の高柳良三さん。

カブトエビが教室にやってきた

「先生、こんなおもしろいものが手に入りましたよ」。高柳さんから電話がかかってくるとワクワクする。九月中旬、「カブトエビを飼ってみませんか?」と、電話をいただいた。「?」クラスの子どもに話したところ、「飼ってみたい」と大騒ぎするものの、「どんな生き物なの?」と、私も含めて誰も知らない。

「カブトエビは来週の火曜日にやってきます。飼育係よろしくね」。よろしく頼まれた子どもは大変。必死になって調べ始めた。エサは?　環境は?　インターネットで引き出した情報をみんなで持ち寄ると、教室壁面いっぱいの情報が集まった。

九月二十五日、五時間目に高柳さんがカブトエビを持って教室に入ってきた。みんなで取り囲み、熱心に説明を聞いた。見たことのない生き物を前に、子どもたちの目が輝いた。

理科室の丸底水槽がいいみたい

カブトエビは、ふ化して一ヵ月ほどで死んでしまう。はじめは試行錯誤で、ずいぶん早く死なせてしまったりもした。そのうち、インスタントコーヒーの空きビンより、気体の膨張実験に使う丸底の水槽がよりよいこともわかった。

卵は乾燥状態で二週間以上おかなければふ化しないというから、常時二つ水槽を用意した。二〜三匹生きていて水の入っているほうと、死んだあと水を抜いて砂利を天日干しにしているほうである。二週間たって乾かした砂利に水を入れると、うまくふ化してくれた。バケツにはいつもくみ置きの水を置いておき、水替えに利用。十一月に入り、室内の水温が一五℃を維持できなくなったところで飼育をストップした。

高柳さん。配達姿できてくれる

水温一五℃まで待てるかがポイント

翌年。砂利に付いた卵を流してしまわないように、ていねいに水を捨てたつもりだが自信がない。肉眼で見てもよくわからない。子どもたちは「早く、早く」と急がせたが、水温一五℃をにらみながら、結局五月まで水を入れなかった。水を入れて一週間もすると、今年もちゃんとふ化し、ルーペを横に置いてみんなで観察した。高柳さんも待ちきれずに水を入れたときは失敗したそうで、水温が一番のポイントのようだ。

なお、越年のように活動が二年以上にまたがる場合、好きでやってくれる飼育係の子が大切になる。担任は持ち上がる保証がないので、水槽ごとその子に持たせて次の学年に進級させた。

地域の先生と普段着のおつきあいを

飼育係の子どもは、困ったことがあると高柳さんのお店に相談に行ったり、飼育経過をメールで伝えたりした。身近に相談できる人がいることは、何物にも代え難い安心感がある。

高柳さんは、いつも配達姿で教室に入ってくる。「お米屋さんなのだから当たり前ではないか」と思われるかもしれないが、地域の人たちにとって学校は、まだまだ敷居が高い。地域の人材を学校に招き、その人がスーツで来校し、子どもたちに何かを話しているようなら、まず長続きしない。「近所にいる」その道の専門家なのである。近所づきあいと同じように普段着で気楽にいきたい。

発展

[生きものたちに何が起こる?]〝耕さない田んぼ〟

武原 夏子

稲作の方法を「土を耕すかどうか」で分類すると、田おこしや代かきをするふつうの方法、まったく土を耕さない不耕起《ふこうき》栽培、この中間で表面だけを浅くかき回すだけの半不耕起栽培などがあります。NPO法人「メダカのがっこう」では不耕起栽培による「生物多様性水田の復元」活動や不耕起栽培を再現した学校教材「ミニ田んぼビオトープ」を使った環境教育を行なっています。

ワラから始まるいのちの循環

秋。 ふつうの稲つくりでは、稲刈りの後、土を耕して稲株やワラを土の中に埋め込むのですが、不耕起栽培では、コンバインで刻まれたワラも切り株もそのまま残っていて、稲株から「ひこばえ」も出ます。

冬。 ワラは土の上にあります。古株やワラを分解するトビムシ、それを食べるクモなどがワラの間にたくさん棲んで冬を越すのです。除草剤を使わずに草を抑えるために、「冬期湛水《とうきたんすい》」といって秋冬から田んぼに水を張る農家もいます。水中のワラの表面には微生物や植物性プランクトン、藻類が付着し、光合成が始まります。ワラを出発点とした、いのちの循環です。冬期湛水した田んぼに白鳥が飛来するようになった、という農家もいるほどです。

春。 土の表面にある原生動物やミジンコなどの卵、トンボの卵も、耕して生き埋めにしないため、水を張ると大量にふ化します。

水を張り米ぬかを撒くと、不耕起栽培の田んぼではイトミミズやアカムシの活動が活発になります。しきりに土を耕し、フンをして土の表面にトロトロの層を作ります。田んぼの土をビーカーに入れ静置すると、このようすが観察できます。イトミミズが頭を土の中に入れ、お尻を出して水中の酸素を取り入れているようすは感動ものです。

根っこが土を耕す

不耕起田んぼでは、去年の稲株と稲株の間に今年の苗を植えます。耕さない硬い土は、小さな苗が根を張るのを邪魔します。苗は、ストレスを与えられると、エチレンという植物ホルモンの働きで根がより発達し、根っこが田んぼを耕すのです。こうして根っこが大きくなると、上の茎や葉もじきに大きく育つわけです。

毎年これを繰り返すと、不耕起の田んぼの土には、根っこが耕した後のスポンジのような構造ができます。ですから不耕起の田植えに行くと、田んぼの中に入っても足が深くまで沈みません。硬い土の中で根を張り病気に強くするために、寒い時期からふつうの苗の二倍の時間をかけ、茎が太く葉が五枚ある「大人の苗」にして田植えをします。

＊

耕さない土とワラから始まる自然循環が不耕起の田んぼの特徴です。ワラ農法ともいえます。日のあたるところに水槽を置いて一つかみのワラを入れ、くみ置き水を入れて観察してみましょう。はたして水は腐るでしょうか。それとも酸素の泡や藻が観察できるでしょうか。ここに農薬や除草剤を入れたらどうなるか、考えながら学習してみてはいかがでしょう。

（NPO法人メダカのがっこう　事務局長）

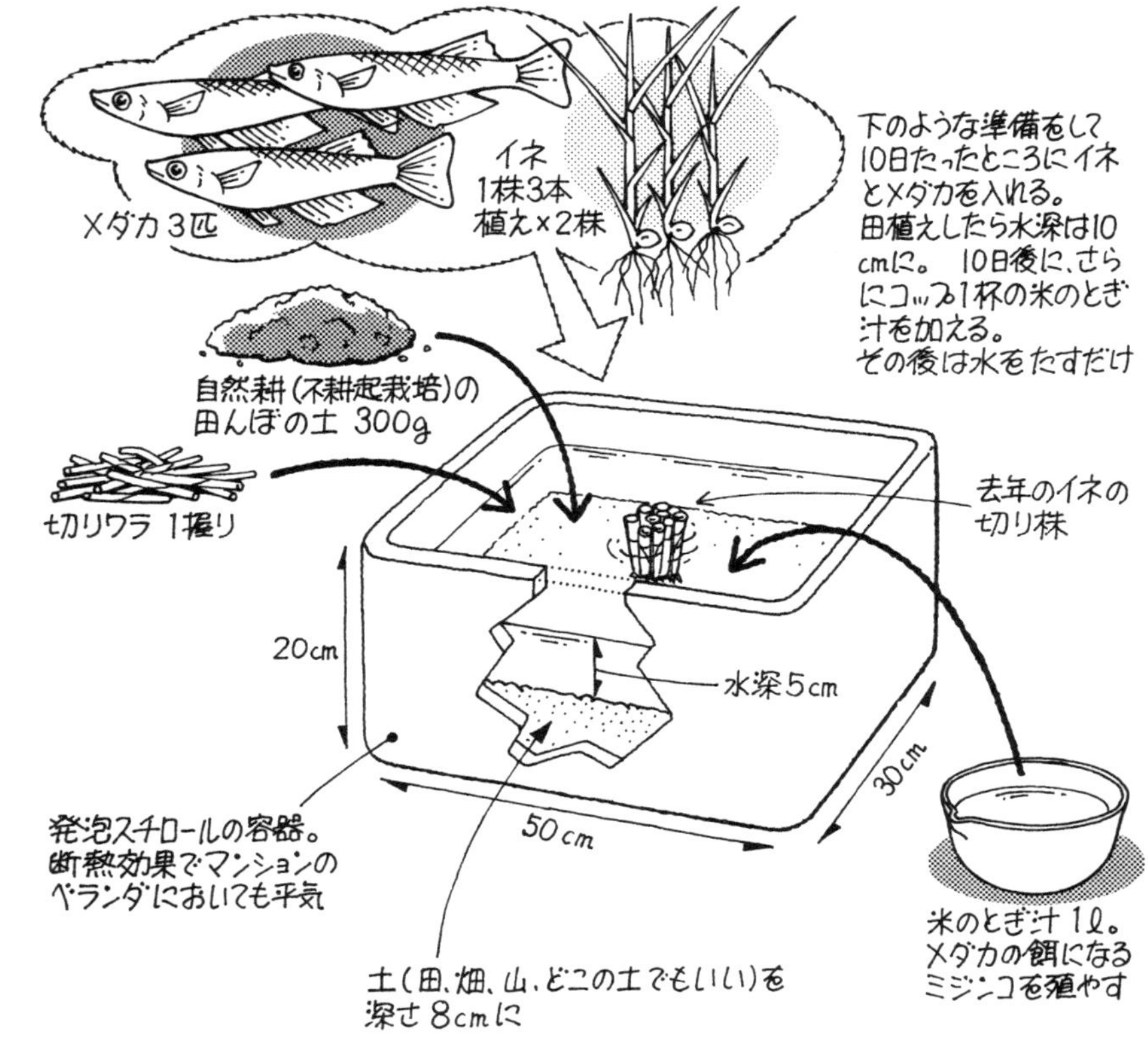
メダカ3匹
イネ
1株3本
植え×2株
下のような準備をして
10日たったところにイネ
とメダカを入れる。
田植えしたら水深は10
cmに。10日後に、さら
にコップ1杯の米のとぎ
汁を加える。
その後は水をたすだけ
自然耕(不耕起栽培)の
田んぼの土 300g
切りワラ 1握り
去年のイネの
切り株
20cm
水深5cm
30cm
50cm
発泡スチロールの容器。
断熱効果でマンションの
ベランダにおいても平気
米のとぎ汁 1ℓ。
メダカの餌になる
ミジンコを殖やす
土(田、畑、山、どこの土でもいい)を
深さ8cmに

図　ミニ田んぼビオトープ

NPO法人メダカのがっこう（年会費2500円）では、「ミニ田んぼビオトープ」キットを販売（1セット600円、送料別）。本物の不耕起田んぼを「メダカの学校の本校」、ミニ田んぼを「分校」と呼んで、本校から苗をもらって分校に田植えする。地域や分布上に問題がなければ、放流や配布をしない約束で、先生やＰＴＡの方に本校に来てもらい、メダカを分校に転校させる「転校式」も行なうなどしている（143頁も参照ください）。

連絡先・TEL　03-3569-2312
FAX　03-3569-2313

発展

［新しい基盤整備］メダカの棲める田んぼとは？

武原　夏子

メダカは何色？

メダカにはOryzias latipes（田んぼの魚）という学名がついています。そのメダカ、何色だと思いますか？

学校で習ったヒメダカはオレンジ色ですが、これは観賞用やペットの餌用に養殖された魚です。野生のメダカは灰色から黒であまり目立ちません。室内で飼うと白っぽくなります。

河川ごとに異なる遺伝子型を有し、地域ごとに絶滅に瀕する貴重な野生生物で、持ち出しや、他地域へのメダカの放流は厳禁です。

メダカと基盤整備

メダカが日本中から消えていった背景には、田んぼの基盤整備が進んだことがあります。昔の田んぼは大小さまざまな形で、機械化農業に適しませんでした。そこでブルドーザーで田んぼも用水路も平らにし、一枚ずつを大面積の四角形に整え、バルブを開くと水が出るパイプライン、簡単に水が抜ける暗渠《あんきょ》、水が早く流れるよう傾斜を付けた深いコンクリート張りの排水路が作られました。

「水田」は年間三～四ヵ月だけ水がある、いつでも畑に変えられる環境になりました。冬は広域用水が止められる水田地帯も多くあります。

メダカにとって昔の水路とは

昔の水路は土を掘り田んぼとの高低差がなく、メダカやドジョウが産卵や採餌のために田内へ入ることができました。今でも谷津田などに残っています。流れの速度は緩く水路の内側にも草や藻が生え、生きものが棲める環境があります。山から滲み出す湧き水があると、水路が枯れません。コンクリートやU字溝でも、流れが緩く周りの土が崩れて底に溜まったり草が生えたりしていると、メダカが棲んでいることがあります。

メダカの棲める田んぼ環境へ

近年では生きものに配慮した田んぼ環境の復元が考えられています。コンクリート水路と別に土水路を作

落差工に取り入れた千鳥X型魚道。流れが弱まり、メダカも上ることができる（写真提供：鈴木正貴、魚道製作：宇都宮大学水利用学研究室）

田んぼで生まれたアカガエル（千葉）

カエル落下防止のふた。U字溝に渡して、カエルが左の水田に入って産卵し、右奥の川に帰るのを助ける。子どもたちと取り組める簡単なアイデアだ（写真提供：鈴木正貴、設置提案：宇都宮大学水利用学研究室）

る方法、作られた用水路を壊さずに生きものに配慮する工夫を加える方法、魚やカエルが利用できる階段や回避通路、水の流れが緩む場所を作った多自然型の用水路などです。

高低差のある水路と田んぼを階段式の魚道で結ぶなど、魚が再び行き来できる田んぼ環境復元の研究者もいれば、田んぼの内側にビオトープを掘る農家もいます。

メダカやカエルの視点から田んぼをフィールドワークすると、新しい発見が生まれるかもしれません。

（NPO法人メダカのがっこう　事務局長）

茨城県岩井市、小野幸一さんの田んぼ。片隅にビオトープをつくった

コラム　稲の生命を感じる観察のポイント③　市川　道和

六月二十二日（田植え後三週間）、茎数一六本、草丈五九㎝、葉齢九・五葉▼
◀七月四日　茎数四一本、草丈八二㎝、葉齢一一・八葉

撮影：赤松富仁

六月下旬から大変身

田植えをしてから三週間、田植えが六月の月初めとして六月下旬にもなると、稲はいよいよ本格的な成長期に入ります。気候も初夏のきざしが見えてきて、稲の成長を助けます。

写真の例では、六月二十二日に茎数一六本、草丈五九㎝、葉齢（葉の枚数）九・五葉だったものが、一二日後の七月四日には茎数四一本、草丈八二㎝、葉齢一一・八葉と驚くほど大きくなっています。この茎数と草丈と葉齢は、稲の成長を示す大事な観察項目です。いくつかの稲を決めておいて、欠かさずに記録するとよいでしょう。

このような稲の大変身は、活発に分げつが起こることによって進みます。分げつによって生まれた新しい茎から、さらに分げつが起こって次の茎が生まれてきます。ちょうど親から子ども、孫、ひ孫が誕生していく様子に似ています。

（筑波大附属駒場中・高）

7月

課題別にグループを

春にくらべたら、ずいぶん稲にくわしくなったね。
でも、稲につく害虫のことがもっと知りたいんだなあ。
いっしょに調べようか？

7月 課題づくりの手順と実際

東京・板橋区立赤塚小学校　浜口　景子

七月。稲もぐんぐん成長してきた。このあたりで、夏休みや二学期へ向けての追究活動をスタートさせてみてはどうだろう。

これまでの活動から、子どもたちの関心は、田んぼの土や虫に集中しているかもしれない。でも、稲から学べることはそれだけではないはず……。

子どもたちといっしょにウエッビングマップ（イメージマップ）をつくって個人課題を見つけたり、課題別グループをつくる方法を探ってみた。（編集部）

農協青年部との交流授業

本校では、平成十二年度より、五年生が庄内みどり農協青年部と交流をしながら、三畳分ほどの学校田んぼと、大型のプランターを使っての米づくりをしている。

青年部からは、五月に「はえぬき」の苗を送っていただき、六月に交流授業を実施。社会科の学習のなかで生まれた疑問を質問したり、米づくりにかかわるお話を約一時間お聞きする。その後、校庭に出て、イネの生育状況を見てもらいながら、アドバイスを受ける。

「減反について？　そうだなー。たとえば、この校庭の三つ分くらいの田んぼを持っていたとしたら、一つ分は米をつくることができない。三年に一度は収入がないことになる。農家にとっては、とってもつらいことです」。

教科書にはない、生の言葉に触れながら、子どもたちは少しずつ、自分の追究したい課題をふくらませていく。

課題づくりの実際

さて、今年の子どもたちが見つけた主な課題は、

「米の歴史」「世界の米づくり」「郷土の米料理」「世界の米料理」「ワラを使った道具」「米の祭り」「田遊び」「昔と今の農具」「米の害虫」「レッドデータブック」「米を使ったお菓子」「アイガモ農法」「古代米について」な

ど。

以下に、このような追究課題を見つけ、深めていくための手順を述べておく。

①種まき

朝の会や昼食時、社会科の時間などで、私自身が体験して驚いたこと、新しく仕入れた情報などを簡単に話している。

カブトエビについて発表する

たとえば、昨年五月に長野・栂池高原で行なわれた食農教育講座に参加したさいに味わった「黄金《こがね》のおにぎり」の話。田植え体験のあとに、田んぼの畦で食べたおにぎりだ。まだ雪をかぶる北アルプスの山々を見ながら、この地方では野上がりに、黄な粉をまぶしたおにぎりを食べるのだと教えていただいた。そんな話をしたことから、「その土地ならではの米料理」を課題とした児童がでてきた。

そのほか、絶滅危惧生物や古代米について、こちらのちょっとしたこぼれ話からヒントをえていった子どもたちも多い（詳しくは六九頁からを参照）。

②イメージマップづくり

児童のなかには、自ら進んで調べたいことを探し、行動に移す子もいれば、具体的に何をしたらいいのかなかなかつかめない子もいる。友達の意見もヒントにしていけるように、イメージマップづくりを以下のようにすすめた。

・「米」や「田んぼ」を中心にして各自でマップを描く。
・全体で、自分のマップを発表しあいながら、教師が模造紙二枚に一つの大きなマップを描いていく（次頁図中の○で囲んだ項目）。
・それぞれの項目から思いついた、課題になりそうなことをカードに書き、各自が次々に貼っていく（図中のアミカケで囲んだテーマ）
・できあがったマップのなかから自分の課題としたいものを選択する。

なかなか課題を決められない子たちも、友達が貼り出していくカードを見ながら、「これならできそう」「これはおもしろそう」とそれぞれの課題イメージをふくらませていった。

③学《まな》ブック

総合では、学ぶ中身はもちろんのこと、その学び方をも学ばなければ先に

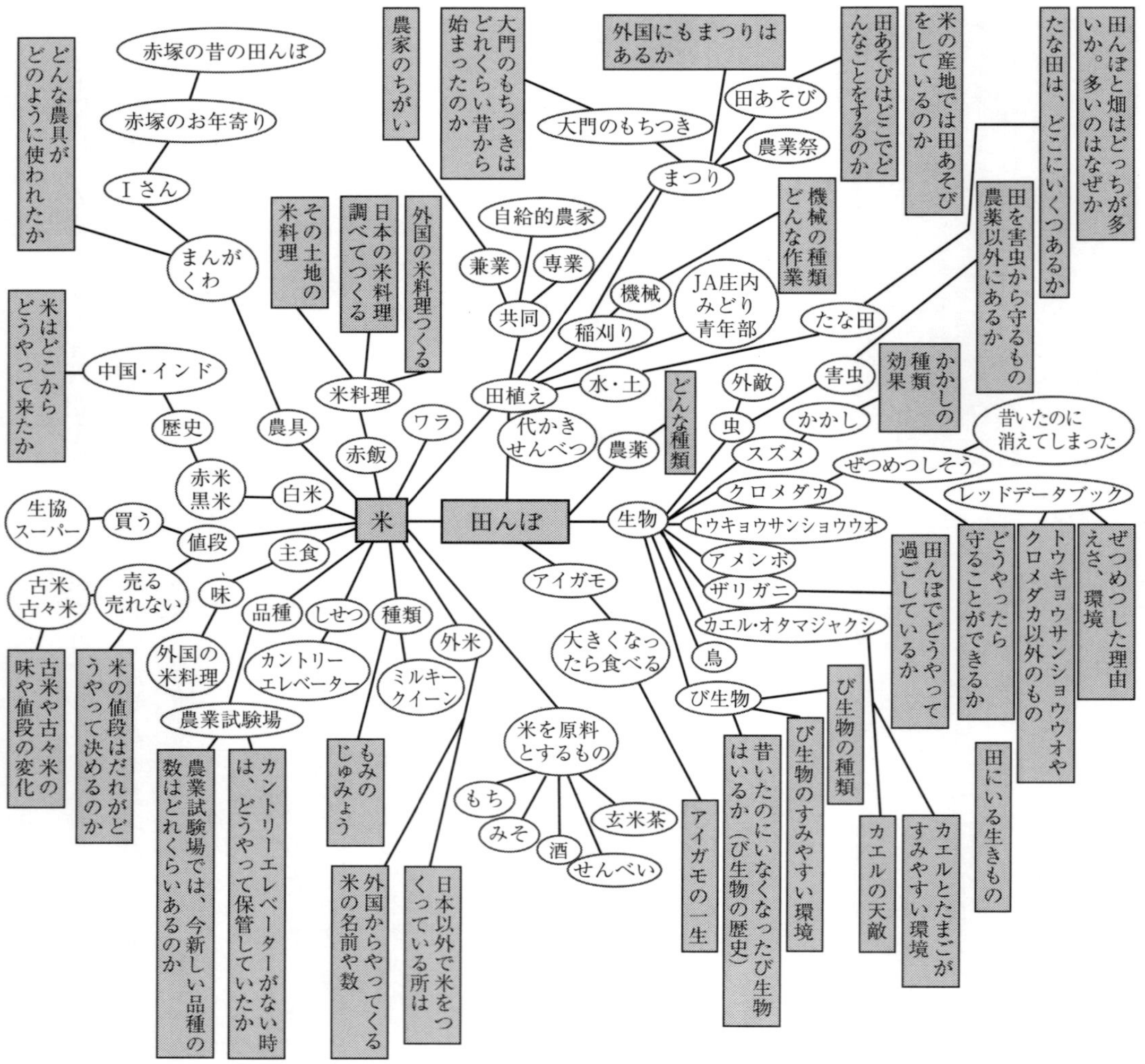

模造紙2枚の大きさに描き上げたイメージマップ

すすまない。情報収集のし方、電話、FAX、メールのマナー、情報整理のし方など……。発達段階に合わせて、学び方もしっかり指導する必要がある。

しかし、その資料を一から作成するのは大変だ。既刊の資料集にも優れたものがあるので、それをもとに、低・中・高別に「学ブック」を作成。調べ方やまとめ方のヒントとして、自分にあったものを選択して持たせた。

④学習ノート

「学ブック」と併用して、個人の学習ノートを作成した。児童には、本やインターネットの情報だけでなく、積極的に「人」とかかわることを日ごろから勧めてきた。「いつ」「何を」「なぜ」「だれが」「どんな方法で」など、追究の道筋を自分自身で明らかにしながら、ときにはふり返り、軌道修正できるような形で記録していった。

⑤課題グループ内での情報交換

各自の課題や追究方法などが出そろったところで、一度、情報交換の場を設けた。「米料理」「米の歴史」など、ジャンル別にグループをつくり、調べたいことや今考えている追究方法、手に入れた資料などについて発表したり、アドバイスしあったりした。

追究の進んでいる友達の話に刺激を受けたり、自分と異なった観点がわかることで、今一度立ち止まって考えることなどができた。

課題追究を支える窓口

都会には田んぼもなければ、農家もいない。核家族のすすんだ家庭環境では、米づくりを体験したお年寄りと接する機会も少ない。

とはいえ、足元をよく見てみると、米にかかわる「人」や「施設」は意外と多いものである。課題追究を支える窓口として地域のバックアップ態勢を整理することも必要である。

○地域の農家Iさん

学区域はかつて赤塚・徳丸田んぼとして東京の一大穀倉地帯であった。昭和三〇年台前半まで米づくりをしていた方が現在も現役で畑仕事をされている。そのなかのIさんから直接田んぼの指導をしていただくことができた。

○地域の施設

板橋区では郷土資料館、赤塚植物園、エコポリスセンター、教育科学館など。さまざまな専門家が常駐しているし、専門外の質問をしても、ていねいに代わりの窓口を紹介してもらえることができた。

また、銀座のお米ギャラリーもかなり有効に利用できた。休日に家族で訪れて、気軽に調べたり、質問していた。

○東京食糧事務所

調べ方のヒントや資料の提供。モミすりや精米器の貸し出しもしていただいた。

○これまで私が知り合った方々

「東京赤米研究会」のN先生、「大山千枚田保存会」でトウキョウサンショウウオの調査と自然観察会の指導をしているY先生など。

米の向こうに「人」がいる

米の学習で何よりも魅力的なのは、「米・田んぼ」の向こうに人がいることであると思う。

農協の職員さん、倉庫を管理するおじさん、品種改良を研究する先生、地域のお米屋さん……。農家だけでなく、こんなにもたくさんの「人」がおいしい米を届けようと努力していたことに、子どもたちは新鮮な驚きを感じていた。

そして、より専門的な情報をわかりやすく学ぶ方法を知り、調べることそのものの楽しさを味わったと感じている。

発展

夏休み前に稲の花見をしよう

東京・杉並区立堀之内小学校　北坊　伸之

杉並区堀之内小学校にて

本校は東京郊外の閑静な住宅街にあり、近くに畑や田んぼはない。子どもたちは毎日お米を食べていても、稲を見たことがない。それで、バケツやポリトロでの栽培を行なってきたが、毎年残念でならないことがあった。感動的な瞬間である出穂・開花の時期が夏休みとなってしまうことだ。やはり、写真や本だけでは、その感動は伝えきれない。

北海道の品種〝ほしのゆめ〟との出合い

四月中旬に開かれた東京国際ブックフェア２００２で、農文協ブースをのぞいてみた。たくさんの実物を展示したコーナーがある。自然の動植物の生態に興味がある私にとって、じつに楽しいコーナーだった。ふと目をやると、『夏休み前に、出穂・開花が観察できる稲の種モミプレゼント』と書かれたパネルに気づいた。

種モミの品種名は北海道産〝ほしのゆめ〟。寒い秋が早々にくる北海道では、体づくりができたらすぐ出穂し、お米を実らせる品種が栽培されている。お米の体には、『温度を測る時計』があるのだそうだ。この品種特性をもつ稲を関東以西で栽培すれば、六月下旬に出穂・開花が見られるとのことであった。

いままで育ててきたのは、〝コシヒカリ〟で、夏休み前に出穂・開花することをすっかりあきらめていた私にとって、目からウロコが落ちる思いであった。

「よし！　やってみよう」

さっそく、種モミをいただいて挑戦。資料にあった「コップ苗のつくり方」を参考に育苗することとした。

防鳥ネットは出穂後すぐに！

防鳥ネットの張り方

1．バケツの周りに稲より少し高い支柱を立て、先端の四辺を太い糸で囲む

2．防鳥ネットをかぶせ、支柱糸に縛り、裾からも侵入しないよう、たらしたネットに重しを置いて厳重に

稲の花に歓声がわく

栽培経過は図のとおり。資料には六月末に開花とあったが、七月になっても出穂の気配はなく、本当に花が咲くのか不安になってきた。しかし株は元気そのもの。

そして、七月十一日。五年二組の理科の授業が一〜二校時にあった。「あっ、花だ！」。ある女の子のバケツから穂がでているのを発見。やりのようにとがった葉から穂がでてきた。よく見ると花を発見。歓声がわいた。次の三〜四校時。一組のみんなと観察に行くと、いろいろなバケツで開花が見られ、再び二組も呼んでいっしょに観察。花は穂先から順序よく咲いている。感動の瞬間はバッチリデジカメに撮った。

＊

今回の〝ほしのゆめ〟栽培。今後の課題もいくつかでてきた。

・ほかより早く穂が出るため、出穂後すぐのスズメ対策が必要である。

・一品種だけでなく、〝コシヒカリ〟も育てるなどすると、収量を確保できるのではないか（今回、予想よりかなり少なかった）

とはいえ、〝ほしのゆめ〟によるバケツ稲づくりは植物の観察学習を深め、たくみに営まれる米づくりから日本のさまざまな気候や、そこで暮らす人々にまで興味が広がる教材である。

堀之内小・栽培ごよみ

月	日	
4	25	種まき
	28	発芽
5	15	田植え
6	11	追肥
7	4	株は元気だが出穂の気配なし
	11	出穂・開花！
	19	バケツ稲持ち帰り
8		学校用はスズメにやられ全滅！
9	2	学校に戻す
	20	収穫・乾燥
10	29	モミすり
		（収量は六五人で約六〇〇g）
11	20	各グループでお米料理づくり
12		お米の本づくり

コラム　稲の生命を感じる観察のポイント④　市川　道和

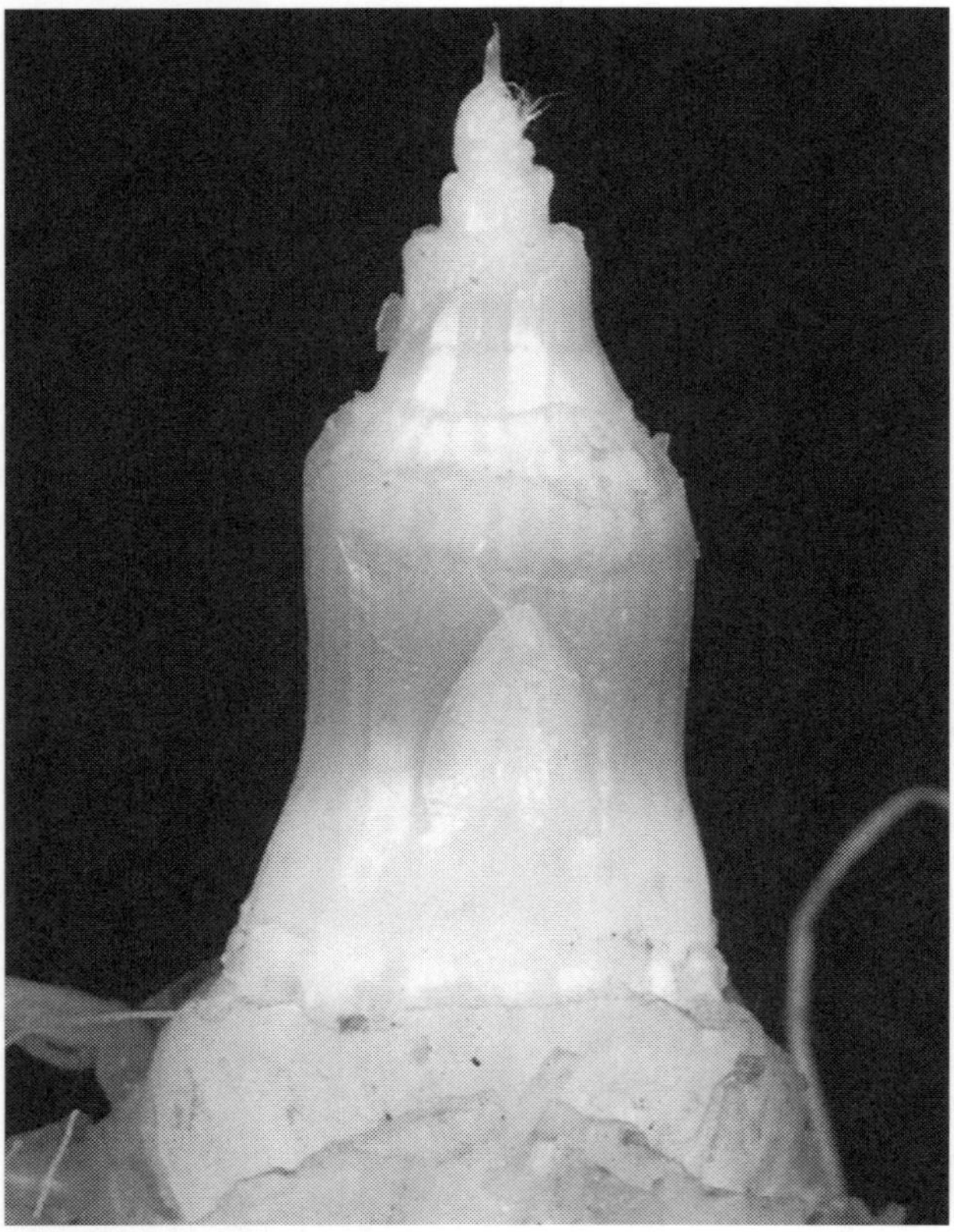

▲出穂約20日前の幼穂（約4mm）

撮影：赤松富仁

▲出穂約16日前。約16mmに成長した穂。小さなモミが見える

穂の赤ちゃんを探そう

穂の出るひと月前くらい、七月初めあたりから、稲は穂を出す準備を始めます。七月十日ごろ、穂の出る約二〇日前の稲を、一本抜いて観察してみましょう。下の葉から一枚ずつていねいに取り除いていきます。

まず、根元の部分にかくれていて短かった茎が、急に長くなっていることがわかります。そして、その先端には、写真のように幼穂（穂の赤ちゃん）がついていることに気づくでしょう。詳しく調べると、すべての分げつで同じことが起こっています。穂の出る約一六日前の稲になると、幼穂が成長して小さなモミをつけています。この部分が成長して、やがて穂として出てくるのです。根元に隠れるくらい短い茎でしたが、穂が出る前のひと月ほどで、いっきょに草丈近くまで伸びて穂先を押し上げます。また、茎が成長することで、稲全体がシャキッとしてきます。

（筑波大附属駒場中・高）

8月

夏休み　農家へ

「稲の先生」のうちってまだ？
遊びに来ていいよっていうから来たんだけど遠いなあ。
でも、田んぼの上を吹く風ってなんかいいにおいがするね。

8月 本物と出合うチャンス
［教師の農村体験レポート］

編集部

学校でバケツ稲を栽培する。せっかくだから、本物の稲づくり、農家・農村の暮らしにも触れてみたくなる。でも、都市部の学校なら移動教室や修学旅行などで企画でもしなけりゃ、そう自由には動けない。予算や日程の都合もあるし……。

そこで、夏休み。お盆で田舎に帰省する機会もあるだろう。教師も子どもも、一度でいいから、農村を訪れてみてはどうか。農のうしろにある、歴史の積み重なりや、たくさんの命をじかに感じたいものだ。

本物に衝撃を受ける

岩手・盛岡市立山王小学校では、課題別グループに分かれて夏休み中も意欲的に調べ学習が行なわれたが、追究の手がかりがつかめないグループがあった。益草・害草グループ。稲にとって、害になる草もあれば、益になる草もある。でも、具体的には何なのか。研究もほとんど行なわれてこなかった分野だ。担当の金野先生もいいアドバイスをできなくて、途方に暮れていたときだった。

保護者から有機無農薬栽培を実践している渋田長《たけし》さんを紹介していただく。

ワラをもつかむ思いで八人の子どもたちといっしょに訪れた。

渋田さんの田んぼの前で記念撮影
トマトをもらってニッコリの益草・害草グループ

「渋田さんはトマトや稲を有機栽培で育てている。ハウスにはみごとなトマトが実り、広い田んぼには周囲の雑草に負けじと立派な稲が育っていた。

『同じ匂いがするでしょ』

渋田さんは、ハウスの土と自宅裏の林の土とを手にとって子どもたちに語りかけた。渋田さんのハウスでは化学肥料や農薬などを一切使わず、自然の力を生かした土作りによって作物を育てているのだ」

NPO法人「メダカのがっこう」では、不耕起田んぼでの体験学習や、田んぼの生きもの観察会も行なっている（52、54、143頁参照）

渋田さんは言う。

「雑草は、『じゃまもの』という発想じゃなくて、共存共栄できるように考える。昔なら刈り草をしいて影をつくってやるとか、大麦の間作にダイズをまいたりして、人がお手伝いしながら雑草が生えなくていい環境をつくってやった。（中略）本当は益草も害草もないんですよね」

自然の力を生かした農業を目のあたりにして、子どもたちは喜びでいっぱい。もちろん教師にとっても忘れられない出会いであったに違いない。

一人の感動がクラス全体を変える

「クラスのなかに一人でも生きもの豊かな田んぼや農家の暮らしに触れた子どもがいれば、クラス全体の雰囲気がグッと変わる」とは、農作業体験のイベントやメダカのいる田んぼの観察会などを企画している、NPO法人メダカのがっこう事務局長、武原夏子さんの言葉。

「子どもでなくてもいい。教師が体験して感動すると、必ずクラスの子どもにも伝わるものです」とも言う。

最近では子どもたちだけでなく、教師をも対象とした農業体験ツアーも増えてきた。○二年度、宮城県角田市の農協青年部と東京都目黒区の小学生との都市農村交流では、〝先生バージョン〟の農業体験学習も行なわれている。また、山形の庄内みどり農協青年部でも、「庄内まるかじりツアー」と称して交流先の親子や教師に呼びかけ、教科書で紹介される施設見学やホームステイなどを実施。

　それぞれのツアーに参加した都会の先生から、農家の暮らしにふれた新鮮な感動をご紹介いただこう。

農家の生活体験フルコース

東京・目黒区立碑小学校　松本　保枝

　二〇〇〇年、先生バージョンの農業体験旅行に参加したときのこと――。角田市の農家、堀米荘一さんのお宅では、稲刈りが終わっていました。そこで、モミすりをした玄米の袋詰めを体験させていただきました。三〇kgの袋は、とても重たくて持ち上がらず、六年生の息子、大樹くんが手伝ってくれました。これが、このまま商品になるかと思うと、袋を閉じるときもかなり緊張しました。一・九mmない米は、くず米になってしまうそうで、とてももったいないと思いました。日本人は、ぜいたくすぎますね。

長男の大樹くんは十七代目

　さて、九月二十三日は、お彼岸の中日です。農作業の合間に、堀米家の裏山にお墓参りです。堀米家は、角田市でも旧家なので、お参りしなければならないお墓がたくさんあります。

　両手で持てないほどのお花と「ずんだもち」を持っていきましたが、お花が足りないほどでした。山奥のいちばん古い大きなお墓のそばに、小さなお墓がたくさんありました。昔は子どものうちに亡くなる人が多く、それは子どもたちのお墓だそうです。そのお墓一つひとつにお供えをするのは子どもたちの仕事です。長男の大樹くんは十七代目だそうですが、きっと立派な跡取りになることだろうと思いました。

ヘビの脱け殻もみごと

　堀米家は、古い家なので、石垣にヘビが住んでいます。一五〇cmもあるヘビの脱け殻をお土産にいただきました。学校に帰って子どもたちに見せたり触らせたりしましたが、一年生などは大騒ぎでした。本当にきれいな脱け殻で、これほどまで完全なものは私もはじめて見ました。

　この日は、農家の生活体験フルコースで、裏山のミョウガをとったり、拾ったクリの皮むきをしたり、ずんだもちをいただいたり、イチジクをもいで味見したり、秋の味覚を満喫しました。

　なかでも圧巻だったのは、角田名物「腹子めし」です。角田のおいしいお米と阿武隈川の鮭の味が絶妙で、いくらの赤が美しく、最高に贅沢な味でした。レシピをいただいたので、さっそくわが家でもつくってみたいと思っています。

牛のエサやりにのめり込む

　いよいよ夕方となって、本日のもっとも重要な時間となりました。一〇〇頭の牛にエサをやる仕事です。これは本当に緊張しました。なにしろ、はじめは牛が怖かったので、フンの始末をするときに、牛に蹴られるのではないかとドキドキでした。しかし、堀米家の牛は、みんなしつけがよく、おとなしい牛ばかりだったので、だんだん仕事にのめり込んでいきました。

　牛の役割や育ち具合で、エサは違います。たいへん科学的に考えられたエサになっていることに驚きました。牛のエサが発泡酒のような匂いがすることも、気に入りました。

　堀米家の奥様、薫さんは、ピアノの先生です。農家の嫁と、母の仕事とともに、自分の好きな仕事を貫いている強さと情熱にも共感しました。

公私ともに、〝田んぼ〟にどっぷり浸かってます

東京・板橋区立赤塚小学校　浜口　景子

　山形の庄内みどり農協青年部との出会いは、七〜八年前。前任校がすでに交流をしていた。苗を送っていただき、田植えをする。育てながら、質問をしたり、交流授業をしたりする。

　社会科の教科書で庄内地方が取り上げられたことで、同農協へ五年生の子どもたちからの質問が増えたという。それならば、逆に庄内から発信しようと、HP「みどりネット」ができ、都会の小学校との交流が始まった。青年部の呼びかけに応えた横浜と板橋区内の小学校十数校が現在交流している。

「君たちが大人になっても、米をつくっていたい」

　夏休みには、「庄内まるかじりツアー」が実施される。これは、すべて青年部が企画と運営を行なう。青年部と交流をする学校から、希望した児童と

その保護者、教師が参加。二泊三日で庄内を訪ね、米関連の施設を見学する。二泊目は、青年部員の家に民泊し、さまざまな形での農業体験を行ない、文字通り庄内を丸ごと楽しむことになる。私もこれまでに三回参加した。はじめて参加したときに、青年部員の一人が「君たちが大人になっても、僕たち、そして僕たちの子どもたちも、お米をつくっていたい」と言った。つくり手の言葉が心に残り、今も交流を続けている。

携帯もつながらない山間集落の星

行くたびに若返る青年部員の方々。教師になったころにもっていた農家のイメージとはずいぶん異なった。新聞やテレビの報道では、過疎化や高齢化とマイナスイメージの言葉ばかりだが、彼らはエネルギッシュである。誇りと夢をもって仕事をしている。自分らしい農業や兼業でできる酪農経営を追い求めている青年にも出会った。

今年ホームステイした先の青年は、コンピューター関係の仕事を辞め、村に戻り祖父の仕事を継いだ。小さな村の期待の星。携帯電話もつながらない山間部。たった一一戸の集落で酪農に夢を抱きがんばる青年の目の輝きに、日本の農業の新しい息吹のようなものを感じた。

夏休みに庄内を訪れ、三日間青年部員と過ごすことで、私自身、元気をもらい、プロに出会う醍醐味を満喫する。

赤米、棚田……米に魅せられて

そのほか、子どもたちと米の学習をするなかで興味をもったのが、「赤米」。出穂が白米より一ヵ月近く遅いので、花見が二学期にできるのもいい。たまたま写真で見た「赤米」の花の美しさに「一度栽培したい」と思い『東京赤

クロメダカ（倉持正実撮影）

米研究会』を探し当てた。今年は、二人の児童が手紙を出し、わからない資料について詳しく説明していただき、木簡のレプリカまでプレゼントされた。彼女たちにとっては忘れることのできない追究活動となった。

また、たまたま見た雑誌の棚田特集のなかで、「東京からいちばん近い」と紹介された千葉県鴨川市の大山千枚田。さっそくオーナーになり月一回、家族で農作業に出かけている。棚田に出かけたときはそのつど写真を撮り、棚田便りのようなコーナーを廊下につくった。どの程度児童の関心を引いたかは疑問だが、夏休みの旅行のついでに棚田まで足を運んだ家族もあった。

大山千枚田保存会のメンバーとの交流をとおして、絶滅危惧生物のこともはじめて知った。クラスでもトウキョウサンショウウオを調べようという児童が現われ、専門のY先生が協力してくださったりもした。

＊

総合は、まず教師が題材そのものを楽しみ、どっぷり浸かることが大切。私は思い立ったら、どこへでも行き、だれにでもインタビューする。そんななかで仕入れた話や感動したことは、子どもたちにも話さずにはいられない。これは児童にとってもきっとプラスになる。学習の刺激にもなっていく。そんなふうに勝手に思い込んでいる。

コラム　稲の生命を感じる観察のポイント⑤

市川　道和

撮影：赤松富仁

無数の黄色の花粉がついためしべ▼

◀ポッとカラが開き、おしべが外に伸びてきた（開花五分後）

またたく間の稲の開花

穂が出ると、まもなく穂先で開花が始まります。あとでモミがらになる部分（えい）が二つに開き、その中に花粉をもったおしべと、その花粉を受けるめしべを見ることができます。

開花の開始は気温の影響を受けやすく、気温が三〇度くらいの晴天で午前九時から一二時ころまで、二〇度くらいのすずしい日では昼すぎに開花します。えいが三〇度ほどの角度に開き、中から出てきたおしべが黄色い花粉を放出して、めしべの先（柱頭）にくっつきます。わずか一～二時間ほどで、開いていたえいが閉じ稲の開花は終わります。多くの草花が、美しい花を長くつけるのにくらべて、目立たずひっそりとした、またたく間の開花なのです。

柱頭についた花粉はめしべの中に管（花粉管）を伸ばし、やがてその中のひとつが卵細胞と結びつきます（受精）。

（筑波大附属駒場中・高）

9月 稲が呼び込む生きものたち

もう少しで穂に米粒ができそうなのに、
そこに飛んでくるにくいやつ。スズメなんていなきゃいいのに。
えっ、スズメにもいいところがあるの？

9月 虫見板で生きもののドラマに出合う

編集部

根元に虫見板を当て、反対側から3〜4回、手のひらでたたく（赤松富仁撮影、以下※）

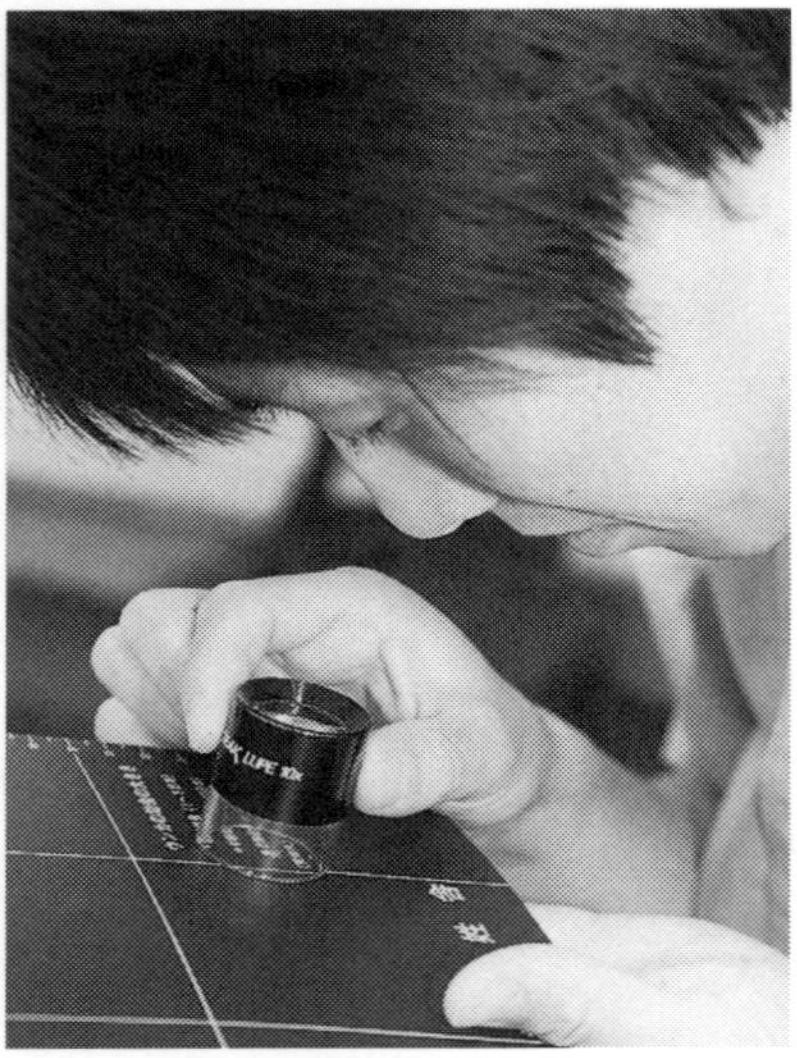
ルーペで拡大して見る（※）

虫見板で観察を

イネの葉が増え、花が咲き、穂が頭《こうべ》をたれる。イネ刈り前の暑い時期には、観察カードにも病気や食害のようすが記録されるようになるだろう（七六頁カコミ）。

そんなときに一度試してみたいツールが、虫見板だ。株元近くに水平に当てて、反対側の株元を手のひらで三〜四回すばやくたたく。すると、五㎜以下の小さな虫がゴミといっしょに落ちてくる。ルーペや顕微鏡で観てみよう。都会の学校でも、セジロウンカやトビイロウンカ、ヒメトビウンカなどが発見できるかもしれない。

東京・赤坂にある農文協ビル（四階建）の屋上や、東京食糧事務所のある大手町合同庁舎第三館（一五階建、地上六六ｍ）のバケツ稲にもウンカが現われた。ウンカはどこからくるのだろう。中国大陸で発生した低気圧が梅雨前線をつくって日本にやってくるときに、その暖かい風に乗って毎年日本にくるという。大都会にポツンとたたずむバケツ稲をどうやって見つけるのだろう。本当に不思議だ。地上六六ｍにある東京食糧事務所のバケツ稲には、なんと体長七㎝のトノサマバッタまで、どこからともなく現われたという。

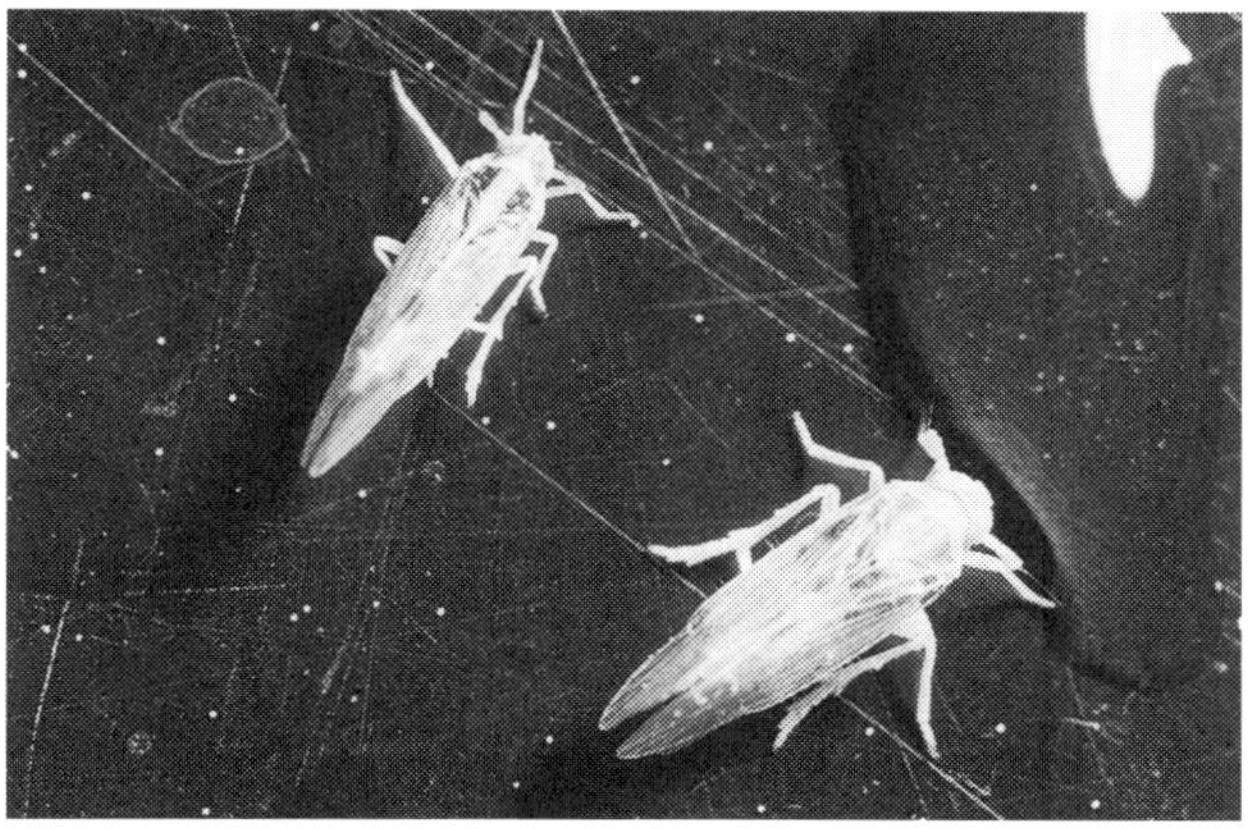
羽の長いセジロウンカ（左）とトビイロウンカ（右）、体長5mm　（※）

バケツ稲に害虫がこない!?

東京・江東区立南砂小学校。大型の団地に囲まれた都会の学校だ。五年生担任の伊藤秀一先生は、毎年ミニ田んぼとともにバケツ稲栽培を行なっている。子どもたちは張り切って無農薬での米づくりをするのだが、稲によってくる生きものはアリやハエくらいという。害虫といえば、イネツトムシくらいか。

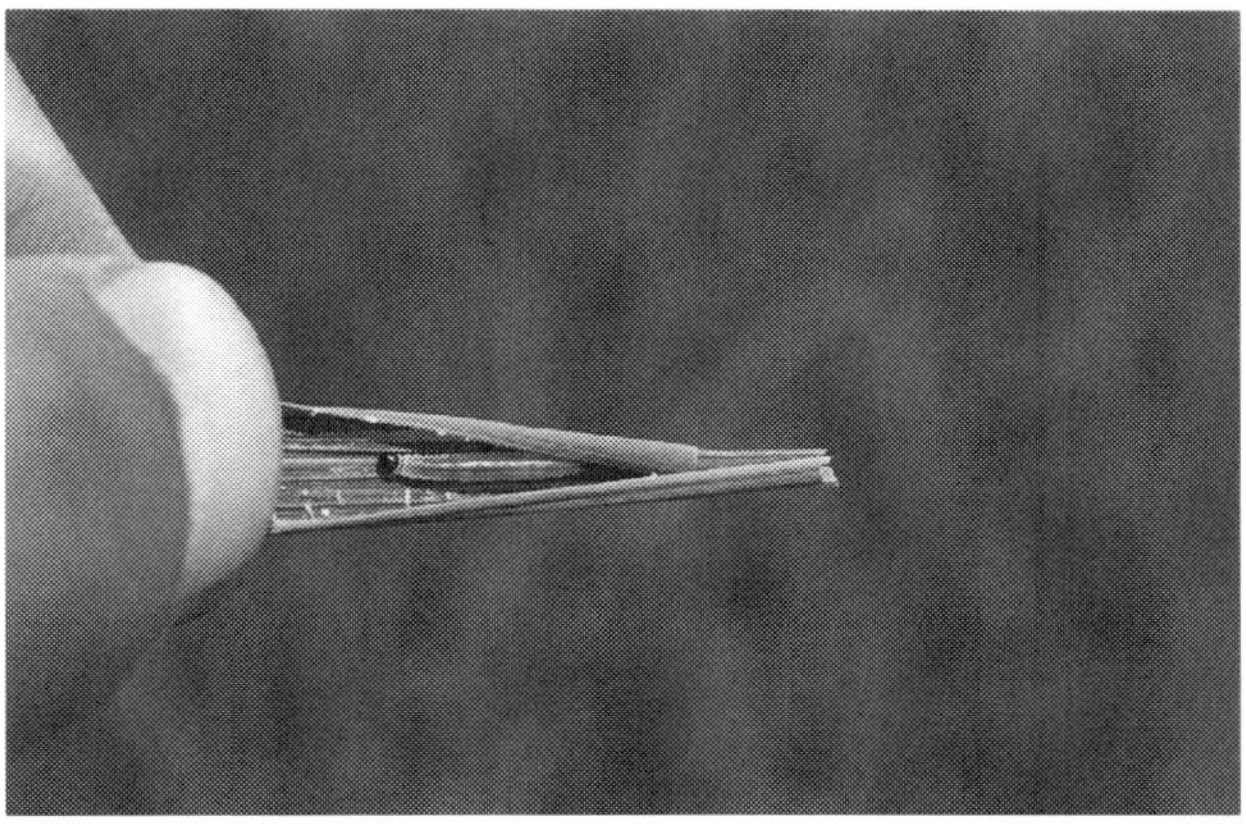
葉を2つに折り曲げるイネツトムシ（イチモンジセセリというチョウの幼虫）（※）

ところが、子どもたちは害虫についても調べ学習をする。ニカメイチュウやカメムシ、ウンカなどの情報。「ついたら大変だろうなー」となかば害虫のニュースを期待するそうだが、この学校にはたいした虫がこないのだ。

カエルの鳴き声に苦情が

そんな都会の栽培条件を逆手にとって、伊藤先生は「なぜ害虫がいないのか」について考えていく。

団地、コンクリート、水路がなくて生きものの行き来がない環境――。実は自分たちが生活している学校そのものが、周りの自然から切り離された水槽のなかのような環境であることに気づいていく。

二年前、こんなことがあった。

六～七月の梅雨どき。カエルたちの繁殖時期だ。バケツ稲とミニ田んぼを

犯人探しも、また楽し

青梅市立河辺小にて。週1回観察記録をつけた。『原色　作物病害虫百科―診断と防除―イネ』（農文協）を診ると、①、②はシラハガレ病、葉イモチ病らしいとわかり、子どものこだわりに合わせて対策を考えていった。

一方、③の食害の犯人探しには苦労した。イネアオムシなどの幼虫はいないし……。ある日子どもがアブラムシを発見。「テントウムシは葉を食べるかな？」と担任の北村先生が聞くと、「食べない」と子どもたち。「念のため図書館で確認しようね」と言うと、意外な事実が発覚。ナナホシテントウのようにアブラムシを食べる益虫もいれば、トホシテントウのように葉を食べる害虫もいるとのこと。見覚えのある写真に「あいつかー！」。防虫スプレーや木酢のほか、手で対処した子もいた。

<① Aくんの観察記録>

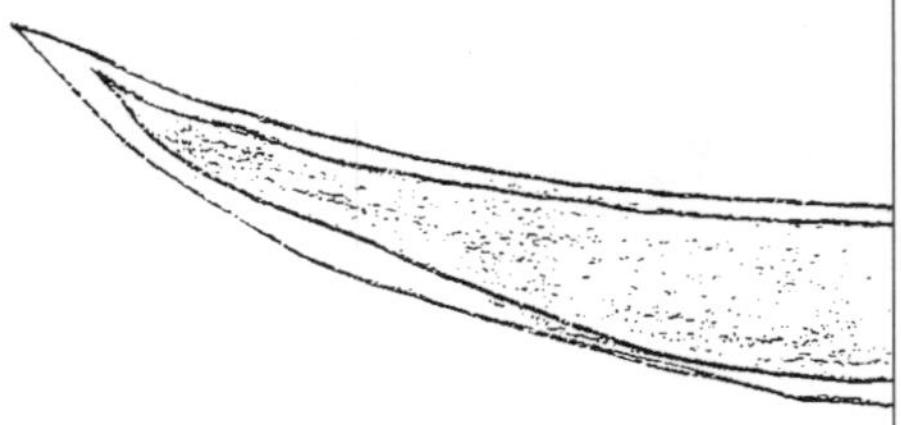

<② Bくんの観察記録>

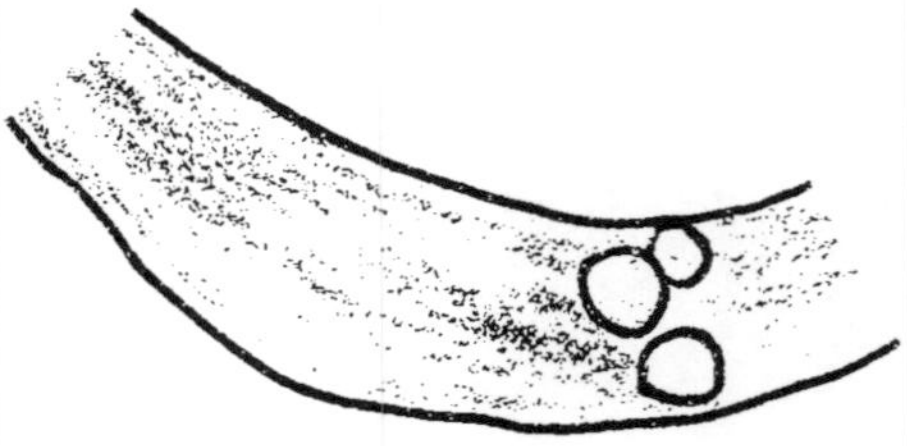

<③ Cくんの観察記録>

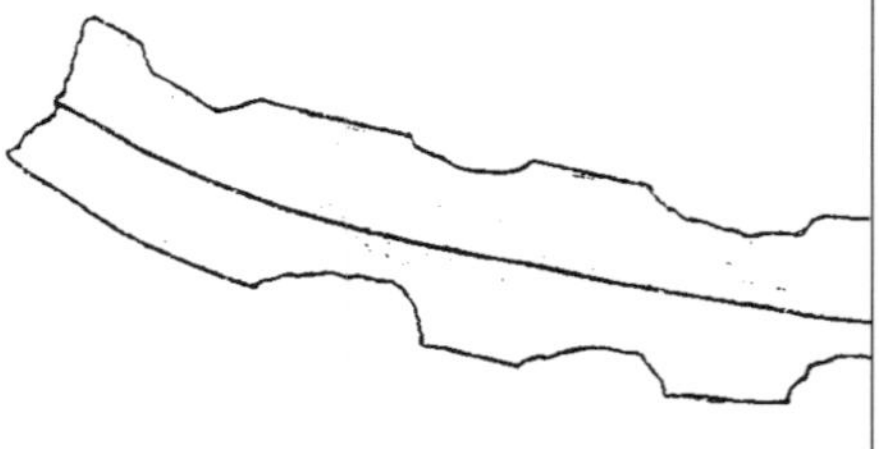

木酢液を散布する

●「虫見板」の入手先　擬《にせ》百《びゃく》姓《しょう》舎《しゃ》

〒819-1631　福岡県糸島郡二丈町田地原1168

TEL＆FAX　092-326-5595

続けてきたおかげで、数年前から何匹かアマガエルがすみ着くようになったのだが（一部は、パソコンで交流している石川の徳田小学校から送ってもらったのが繁殖したらしい）、なんと学校の周りの住民から苦情がきたというのだ。ゲロゲロ鳴いているカエルは数匹ではあるが、団地で囲まれた環境だけに、音が共鳴する。警備員さんにもとばっちりがくる。カエルくんたちが静かにしてくれるよう、一応は見回りをするのだが、しかし、これには弱ってしまった。

生きもののいない環境が人間の感覚を狂わす？

そこで、学校の近くの団地に住む子が、夜中に家のベランダでカエルの鳴き声をテープに録音することにした。たしかに、音が共鳴しているが、これを聞いて人は何を感じるだろう？　参観日に流して、保護者たちにアンケートを実施することにしたそうだ。

アンケート結果は、「けっこうやかましい」という声よりも、「心休まる」「なつかしい感じがする」といった反応が多かった。クラスで話合いをする。アマガエルがほんとうにやかましいのではなく、生きもののいない環境に住む人間の感覚のほうが狂ってきているのではないか。そんなふうに子どもたちは感じたという。

そこで、住民に理解していただこうと、「お騒がせします」とカエルマークのついた看板を立てる活動を展開したそうだ。

＊

生きものは子どもたちの興味をそそり、意欲を引き出す格好の教材。それぞれの学校で、足元の環境を見直すような実践の工夫をぜひ考えてほしい。

（アマガエルの話には後日談がある。交流先である石川の徳田小学校にテープを送ったそうだ。「なんだそれ？？？　どうしてそれが苦情になるの？」と本場のカエルの鳴き声をテープにとってくれた。逆に徳田地区の苦情のタネとして、自動車の騒音も録音してくれた。それを聞いた南砂の子どもたちは「なんだそれ？？？　どうしてこれが？」。生きものは友達とのきずなも深めてくれる）

救出したヤゴが稲株で羽化！

南砂小では交流先の学校からカエルやサワガニ、ヒルなどの生きものを送ってもらい、生息調査もする。また、プール開き前のヤゴ救出作戦でもバケツやミニ田んぼに放し、みごと羽化のようすが観察された

発展

余った苗でミニ・アイガモ稲作を

編集部

クラスで育てたアイガモくん

余った苗でミニ水田を

プランターで種から苗を育てたり、バケツに直播きをして、間引きするなど、バケツ稲栽培にもいろいろな方法がある。いずれにしても、捨て苗がいくらかでるだろう。これを理科で使われていた学校のミニ水田などに植え直してみてはいかがか？ 小さいけれど、裸足で泥まみれになって田植えや稲刈りができる。バケツ栽培にはない貴重な体験だ。

ミニ水田にアイガモ五羽を放す！

東京・青梅市立河辺小学校（児童数七四一名、山本俊夫校長）ではなんと、余った苗をミニ水田に植えて、さらにアイガモまで放したという。四月のオリエンテーションで見たビデオ（『学校田でおもしろ稲作体験―アイガモと一緒に米づくり』石川県小松市立木場小学校の実践、農文協）に子どもたちが感激して、自分たちもやってみたいと言い出したのだ。

担任の北村充全《みつまさ》先生は、「ミニ水田にアイガモを放つなんて聞いたこともなかったが、とにかくチャレンジしてみよう」と、アイガモ農法で有名な福岡の古野隆雄さんに電話をし、大阪にある高橋人工孵化場を紹介してもらう。連絡すると、たちまち五羽の初生ヒナが宅配された（七月三日）。

アイガモ飼育の実際

ヒナは学年三クラスに分け、北村先生の五年一組は二羽を育てた。クラスにやってきたアイガモは、子どもたちの人気もの。すぐに、チョコボとピコという名前がついた。では、どのように育てられたのだろう。

▼育すう

ヒナは、子犬用のカゴやハムスターのゲージに入れて教室で飼育。ポイントは、ヒナを触りすぎないことだ。ただでさえ、教室という極めて特殊な環境。ヒナにストレスがたまってしまう。一組には、家でいろんな鳥を飼っている鳥ハカセさんがいて、「触んないほうがいいよ」としつこく注意してくれたという（事実、ヒナの放飼のとき、他クラスのヒナとの成育差がずいぶんでたとか）。

触りたい気持ちをなんとか抑えて、朝と放課後に掃除と水・エサやりをする日直だけが触っていい、というルールを決めた（エサは配合飼料、雑草、キャベツの芯など）。日直は八班で交代だから、八日に一度は順番がくることになる。

▼水ならし、放飼

水ならしは七月十日から終業式までの一〇日ほど。最初は朝の会が終わってから放して、一〇時三〇分の二〇分休みに引き揚げる。引き揚げる時間を、次の休み時間に、給食時間に、放課後に、といったふうに徐々に伸ばしていった。

「アイガモのヒナは濡れていないよ」。子どもたちは、水浴びするヒナを実際に抱いていろんな発見をする。調べてみると、水鳥の羽毛は球状でふくらみがあって、抜群の防水効果があるらしい。天敵のカラスから守るテグスを調達する子。子どもたちの一生懸命さに支えられて、終業式には放飼となった。

「アイガモはいいよな。稲にいる虫を当たり前に食べるだけでほめられるんだからー」。アイガモの除草・害虫駆除効果はバッチリ現われたようで、葉についたイネツトムシをパクパク食べる姿を見ながら、こんな感想をこぼす子どもたちだった。

「いのち」を考える授業

しかし、悲しい現実も待っていた。夏休みに入ってすぐ、一組のピコが野良ネコに襲われて死んでしまう。他クラスのアイガモも体温が低下したり、心ない誰かの仕業で石を投げつけられるなど、次々と死んでしまったのだ。五羽いたアイガモは今ではチョコボのみ。そこで、一羽だけでも守るよう、ミニ水田の周りも厳重に囲んで夏休みを乗り切った（一般にアイガモ農法は出穂時にはカモを引き揚げるが、河辺小では収穫まで放飼。モミを食べられることはなかったという）。

そこで二学期に入り、クラスでは動物の命について二度話し合うこととなった。最初は動物虐待について、

野良猫に襲われたピコ

イネとアイガモを守る柵、ネット

二度目は生き残ったチョコボをどうするかについて。

議論の材料と準備

保護者からは、自宅の浴室で生後間もない子猫の耳やしっぽを切断し、インターネットで公開した男が書類送検されたというニュースが届けられた（一回目）。NHKで放映された人間ドキュメント「アイガモ家族の夏」（古野隆雄さんのドキュメンタリー）も視聴した（二回目）。

二回目の議論（チョコボを食べるか、食べないか）について詳しくみると、話合いの時間は断続的に計三時間ほど。まず、自分の意見をシートに書いたのち、全員が発表する。それを受けて、北村先生が論点をしぼっていった。子どもたちからでた意見は、三八：一で「食べない」派が圧倒。

では、子どもたちにとって忘れられない授業となったこの議論、どのように進められたのだろうか。

スーパーの肉とどう違う？

「スーパーで売っているものなら食べてかわいそうとは思わないけど、自分たちで育てたアイガモは食べたくない」という意見に対し、「農家では役目を果たしたものを食べる。ニワトリも鶏肉にして食べる」というのがたった一人の食べる派の意見。北村「スーパーの肉と、自分たちで育てたアイガモの肉とは、どう違うんだろう?」

――「肉を売る農家でも一羽ずつ心を込めて育てている。同じアイガモだ」。

――「愛情のかけ方が違う」。

北村「どう違うの?」

――「肉を売る農家のアイガモには名前がついてない。クラスのアイガモにはチョコボという名前がある」

「クラスのアイガモは三九人に一羽だけど、農家は一人にたくさんのアイガモだ」……、と興味深い意見が続出した。

アイガモは本当にペットになる?

また、食べない派からは、「これからはペットとして飼いたい」という意見もでた。

北村「アイガモは本当にペットなのだろうか?」

――「生きものは生きものを食べないと生きていけない。アイガモは家畜として生まれてきているからペットではない」

――「農家は肉を売ってお金をかせぐけど、私たちはお金を稼ごうとしない。だからペットになる」

北村「アイガモがペットになるんだったら、ライオンだってペットになるんだろうか?」

――「ライオンは大きいし、周りで飼われたら迷惑だ」

――「迷惑をかけなければいい。ライオンだって愛情をかけて育てればペットになる」

……と議論は続き、食事のときの「いただきます」「ごちそうさま」についても触れることとなった。

子どもたちは、よく考えて、よく意見を発表した。結果としては、「ペットはその人がどれだけかわいがるかで決まると思う。動物の種類には関係ない」という意見が多く、チョコボはクラスのベランダで今も元気に生活している。

子どもの思考を引き出したもの

北村先生は思う。結論の是非はともかく、子どもたちなりの思考と論理を引き出したのは、「いままで手間をかけて自分たちで育てたんだ」というチョコボへの思いがあったからだ、と。

本当に飼育に一生懸命だった二人の男の子は、「ぜったいに食べない。食べるなら世話をやめる」ときっぱり言い切ったし、ただ一人「食べる」と言った男の子は、家に帰っても両親と真剣に話し合いを続けたという。

チョコボと一人で最後まで意見を貫いた子どもの存在、そして積極的に栽培・飼育にかかわったクラスみんなに、北村先生は頼もしさを感じた。

発展

［ほんとに害鳥？］知られざる"スズメの食性"

大田　眞也

写真1　バケツ稲の穂をついばむ　9月上旬
（熊本市立託麻南小で）

二学期は要注意

二学期の始業式後のことである。中庭にポリバケツを並べて栽培されている稲に出はじめた穂を、子どもたちの成長ぶりと重ねて感慨深げに眺めていると、窓際のキンモクセイの茂みから突然スズメが次々に飛び出して稲に止まり穂をついばみだした。

五年生が一学期から大事に世話して育ててきたのになんということをする！　と追い払おうとしたものの、思いとどまった。スズメが米を食べることに気づくのも、また大事な学習と考えたからである。それで後で学習するときの資料にと、スズメが稲の穂をついばんでいる証拠の写真を撮っておくことにした（写真1）。

バケツの位置で被害が変わる!?

稲雀茶の木畠や逃げ処　芭蕉

自然界で弱いスズメには天敵も多く、小形のタカやハヤブサ類、カラス類、モズ、アオダイショウなどがいる（写真2）。それで用心深く、いざというときの隠れ場に近い稲を食害することになる。広い稲田でもスズメが食害するのはきまって周縁部の稲で、すぐ近くに隠れ場になる茂みなどがあることが条件になっている。

ところで、中庭の稲にはその後も毎日スズメがやって来たが、食害するのはきまってキンモクセイに最も近い末端に置かれたポリバケツのものだった。休み時間、中庭に子どもたちの姿があるときにはキンモクセ

写真2　スズメ（幼鳥）をつかんだまま窓ガラスに衝突死したツミ（雄）（1992年6月27日　熊本・相良北中で）

イの茂みにじっと潜み、授業が始まって人影が消えると待ってましたとばかりに出て来てついばむ。まず、勇気ある？　一羽が飛び出してついばみ始めると、それに続いて後から次々とやって来る。

スズメ追い

鳴子ひく田面の風になびきつつ
浪よる暮のむら雀かな　定家卿

西暦一三一〇年ごろの鎌倉時代末に編まれた『夫木和歌抄』にみえる一首である。スズメは嘴《くちばし》の構造からもわかるように主に種子を食べる鳥で、毎年大量に安定して生産され、冬季にも保存される米をメニューに加えたのは自然の成り行きだろう。

スズメの米食害問題は、おそらく稲作開始当初までさかのぼるだろう。稲の栽培技術も未熟で収穫量も少なかった過去の時代には、スズメによる米食害は今日よりもずっと深刻で死活にかかわる問題であったに違いない。鳴子によるスズメ脅しは、案《か》山子《かし》とともに秋の風物詩にもなって今日まで続いており、今後も稲作が続く限りスズメ追いの苦労は過去のものとはならないだろう。

スズメによる害のほとんどは米の食害で、とくに乳熟期から収穫期にかけての被害が大きく、かつては鳥害を代表していた。

害虫も食べれば、雑草の種子も食べる

スズメは米ばかり食べているわけではない。スズメの食性については、日本の野鳥のなかでは最も早くから調べられていて、農商務省（現・農林水産省）の「鳥獣調査報告第一号」（一九二三年）に詳しい。長野県で一年間をとおして月ごとに集められた二六一七羽の嗉嚢《そのう》及び胃の内容を調べたもので、これほど綿密な調査はほかには知らない。食物の内容は地域によって多少は異なるだろうが、基本的な部分は多く共通していると考えられ、それによると、植物質が八八％を占めるものの、動物質も一二％含まれている。

植物質のうち穀物（米・麦・ソバなど）は四六％で、月別では意外に

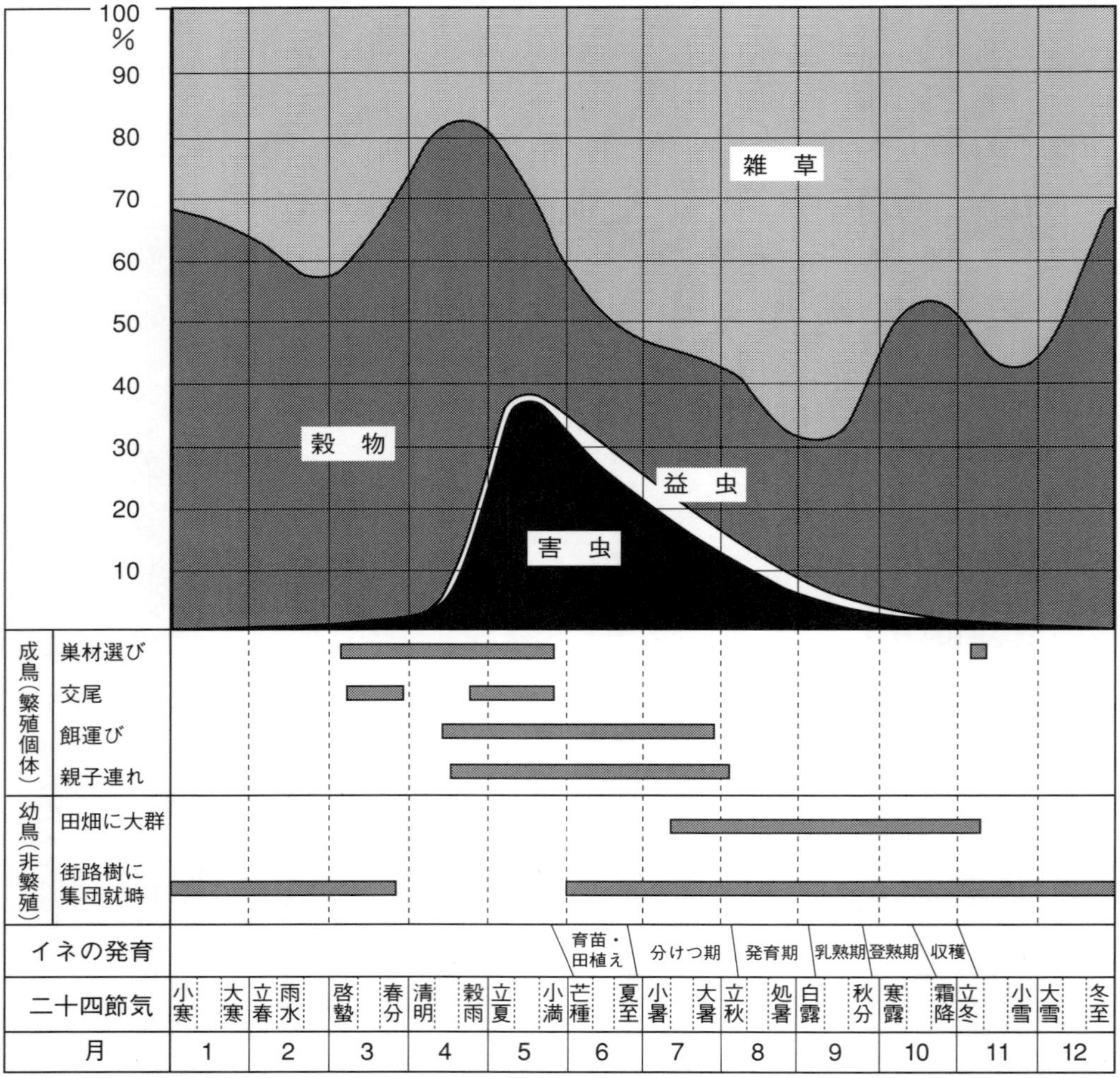

九州中部におけるスズメのライフサイクル（下段、筆者作成）と本州中部での食性（上段、『鳥獣行政のあゆみ』林野庁、1969年より）

も一月から四月にかけて多くなっている。この時期には穀物は実っていないので、収穫後の落ち穂や植付けに蒔かれた種子などということだろう。次に多いのは九、一〇月で、これは先述のように稲の乳熟期から収穫期にかけてで、スズメの食害が最も大きく、話題になるときである。

穀物を除く植物質は、そのほとんどが草本の種子で、メヒシバ・ノビエ・スズメノヒエなどイネ科のものが多い。次いでアカザ・イヌタデ・ハコベ・カタバミなどと続き、その多くは、いわゆる田畑の雑草類で、六月から十二月にかけて多く食べている（写真3）。

動物質の主なものは昆虫類で、五・六月には食物量の約四〇%を占めていた。この時期はスズメの繁殖最盛期で、元来は種子食でもヒナの成長に効率のよい動物性タンパク質源として多く与え、自らも食べているのだろう（写真4）。ゾウムシ・ハムシ・コガネムシなどの甲虫の仲間が最も多く、ほかにヨコバイ・アワフキ・イナゴ・ガの幼虫など、いわゆる農作物の害虫が大部分である。

スズメ退治の苦い歴史

今から二五〇年くらい前、ドイツがまだプロシアとよばれていたころのことである。フレデリック大王はサクランボが好きで、庭園のサクランボをついばむスズメをいまいましく思われ、二年間に七六万五〇〇〇羽ものスズメを駆除された。それで庭園やその周辺ではスズメはほとんど見かけなくなり、これで豊作は間違いなしと期待されていたところ、毛虫が大発生してサクラの木は丸裸になり、無残な結果になったという。

これに似た事例は、隣の中国にもある。中国では国家発展のためにはネズミ・スズメ・ハエ・カを撲滅しなければならないということで、四害追放運動なるものが展開されたが、皮肉にもその後間もなく凶作に見舞われた。その大きな原因は、どうもスズメの捕り過ぎによる農作物の害虫のはびこりと反省し、スズメは一九六〇年に四害から外され、その代わりにナンキンムシが指定された。

日本でも、スズメが街路樹の大敵アメリカシロヒトリやマイマイガを食べ尽くしてくれたとか、マツのマツケムシ、マサキやイチジクのアオバハゴロモ、コデマリのアブラムシなどを食べてくれた、という食性上の有益性についての実例は枚挙にいとまがない。その経済効果は計り知れず、しかも無害である。

春から初夏にかけての繁殖期に農作物の害虫をたくさん食べてくれるので秋の実りも多いわけで、実りのときの食害だけをみて害鳥ときめつけ駆除するなどというのは、あまりにも短絡的で浅はかな愚行といえよう。

（元・熊本市内小学校校長）

写真3　アキノエノコログサの穂をついばむ　11月中旬

写真4　ヤガの一種をヒナに運ぶ　5月下旬

発展

イナゴをつくだ煮にしよう

宮城・仙台市立茂庭台小学校　板橋　宏明

①
いなごを捕まえ、一晩袋に入れてフンを出させる

②
臭みをとるため、塩を入れて、下ゆで10分。イナゴはみるみる真っ赤に！

材料
・イナゴ……一〇〇g
・しょうゆ…三〇cc
・さとう……四〇g
・みりん……少々

四国はイナゴを食べない？

夏に行なわれたNHK番組「おこめ」の学習会での報告の一つです。テレビ会議でイナゴのつくだ煮を紹介された四国の子どもたちは、「仙台の友達はバッタ食べちょる……」と青くなったのだそうです。

バッタ？　イナゴを知らないの？　聞くと、四国にはイナゴを食べる習慣がないのだそうです。これには驚きました。仙台では昔、学校の授業でイナゴ捕りがあったほど。つくだ煮は今でもスーパーで当たり前に売られています。地方によってずいぶん食文化が違うのだと感じました。

五年生総合のテーマは、お米を中心とした地域学習。自分たちの地域の特色やよさを知る一環として、子どもたちと食べてみるしかないと考え提案すると、「みんなでつくって食べよう！」と即座に決まりました。

④ 本当は1〜2日天日干しすると香ばしい食感となるが、今回はせっかちに、から煎り。横着にも、そのままフライパンに調味料を入れたが……。水飴状になって少々焦げる。鍋にあけるのをお勧めします。

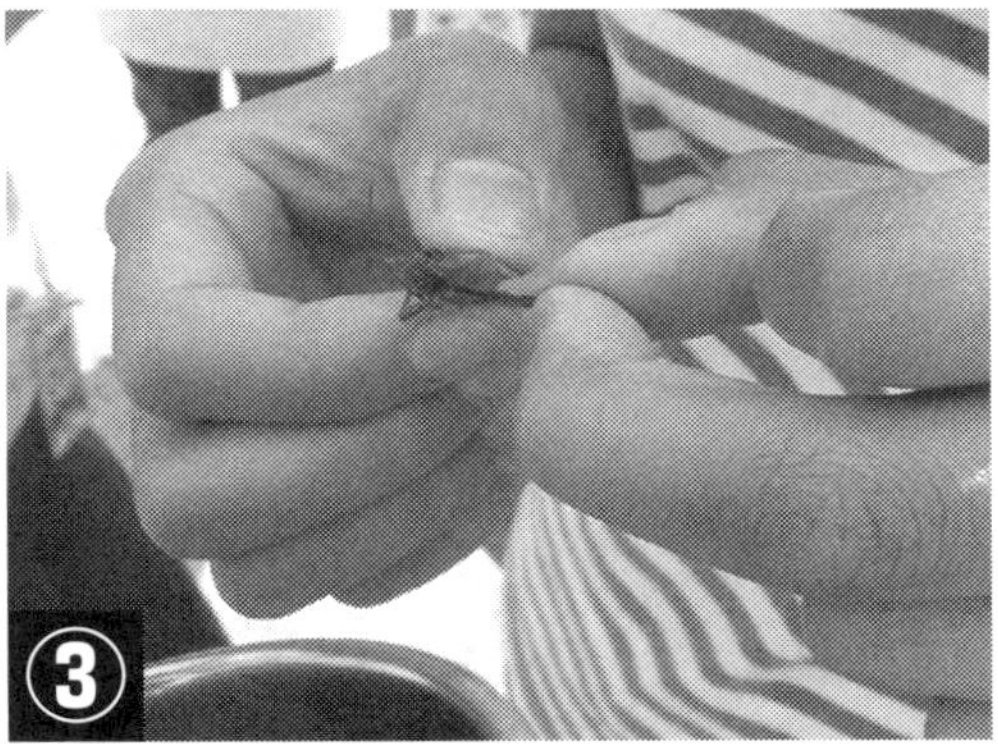

③ ザルにあげて、羽と後足を取る（後足はついていてもパリパリしておいしかった）。子どもたちはブチブチ取った！

⑤ それでも「おいしー！」と子どもたち。イナゴ食文化のないみなさんも、ぜひ！

イナゴが鍋からはねた！

しかし、自分でつくったことはないので、地域のお年寄りに教わり、稲刈り前の十月、秋晴れのなか、アウトドア用のコンロで調理してみました。笑ったのが下ゆでのとき。お湯に入るのを嫌がったイナゴがピョンピョン脱走するのです。みんなで大騒ぎして追いかけましたが、何匹か逃げられました。なかにはコンロに飛び込んで焼けてしまったのも。

パリパリ、カリカリといった食感。ちょうどエビのつくだ煮に似ています。子どもたちも甘じょっぱくておいしいと、奪い合うように食べていました。ただ残念なのは、収穫時期が遅かったせいか、メスが卵を持っていたこと。これは、あまりお勧めできる味ではありませんでした。

地方の食文化を知る、絶好のチャンス。はじめての方も、ぜひお試しあれ。

コラム　稲の生命を感じる観察のポイント⑥　市川　道和

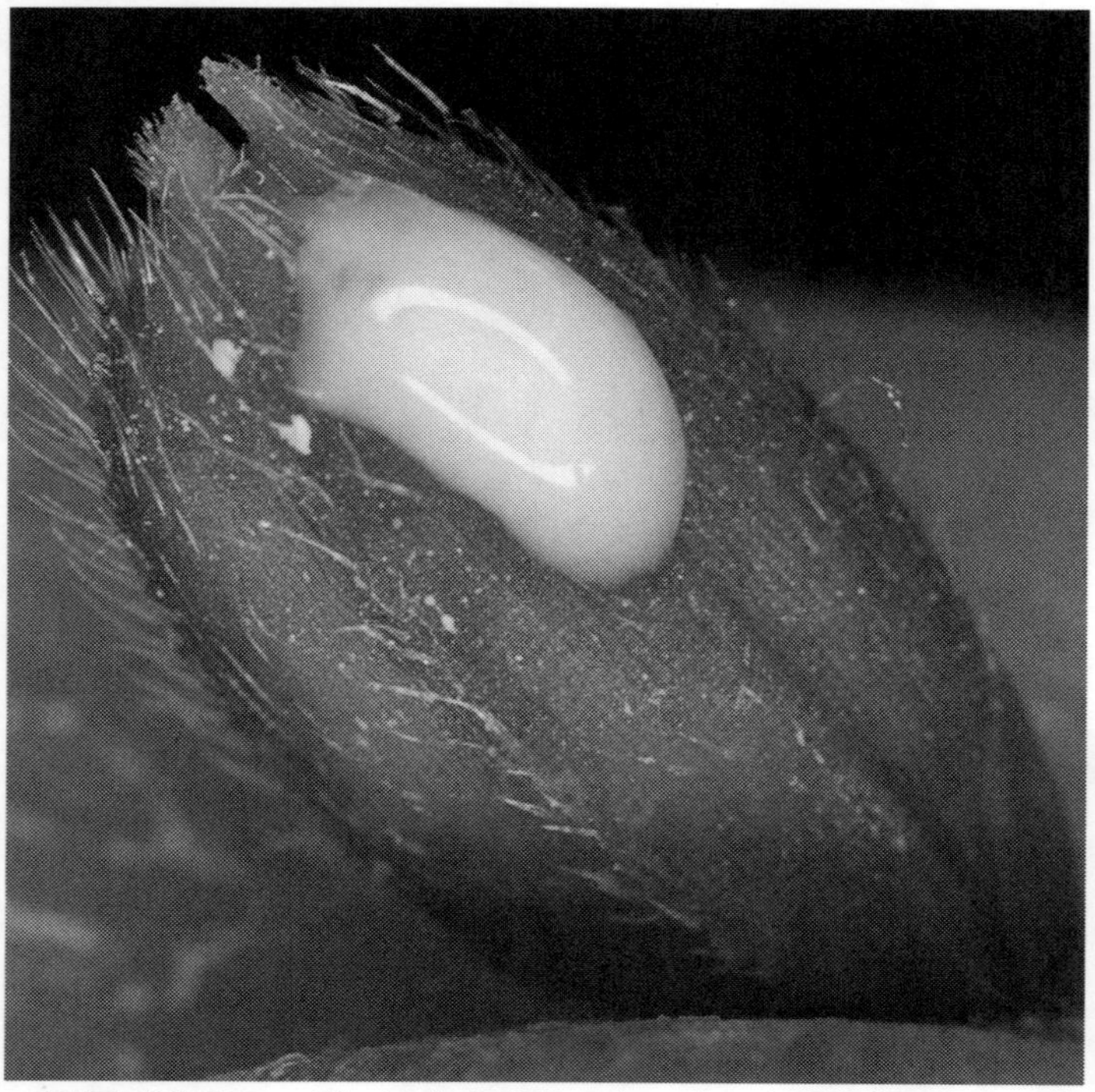
▲子房がカラいっぱいに大きくなったころ、カラを指でつぶすと、白くて甘いミルクが出てくる

撮影：赤松富仁

▲開花3日後には、めしべの柱頭もしおれ、子房が長く伸びだす

▲開花6日後、先端まで伸びる

甘くて白いミルクをなめる

開花したあとの稲は、ひたすらモミの中に養分を送りこんで、新しい種を作ろうとします。毎日、モミを数粒ずつ開いて、中身を観察してみましょう。

開花のあと三日もすると、めしべの根元の部分（子房という）が長く伸びてきます。これは、葉で作られたデンプンなどが送りこまれているからで、白い色をしたミルクのようなものです。一週間ほどで、子房がモミの長さいっぱいに伸びきると、さらに数日かかって、すき間なくモミの内側いっぱいにふくらむのです。

このころ指先でモミをおしてみると、プチュとつぶれて、中からミルクが飛び出てきます。なめてみると、かすかに甘い味がするでしょう。すずめや虫もこのミルクが大好きで、えさを求めてやってきます。

二〇日くらいでモミは緑がかってさらに重くなり、二五日をすぎると黄色く固くなります。

（筑波大附属駒場中・高）

10月

品種を食べ比べる

まったく、稲刈りしたあとになんでこんなに手間がかかるんだろ。スーパーマーケットに売ってる米なら、洗わなくたって食べられるのもあるのにな。

10月

収穫したお米で食べ比べに挑戦

編集部

栽培した稲を食べ比べたい

どうにかバケツ稲も収穫を終わり、手元には少量だが貴重なお米がある。さて、このお米をどう活用するか。素直におにぎりにして食べるのも手だが、もっと体験の幅を広げられる方法はないだろうか。

丹生川小学校（三重県大安町）の神谷祥子先生は、五年生を担任した平成十三年度に、二二品種の稲を子どもたちとバケツで栽培した（四二頁参照）。赤米や紫黒米などの珍しい品種もあったので、子どもたちからは「二二品種を全部食べてみたい」という願いが自然に出てきた。その願いをかなえるために、熱心に栽培に取り組んだともいえる。

そして収穫を迎えて、二二品種を食べ比べることになった。食べ比べの方法を教えてくれたのは、いろいろな品種を提供してくれた古代米研究家の大塚文平さん。赤米や紫黒米は、精米すると色が落ちるという大塚さんの助言で、玄米で食べ比べることになった。ところが、玄米で食べたお米は、子どもたちにとっては、あまりおいしくなかったのである。

品種当てクイズは全問正解

翌年、六年生になった子どもたちは、二四品種の稲をバケツで栽培した（平成十四年度）。この年も二四品種の苗を大塚さんが提供してくれた。そして、「今年は白米で食べ比べよう」というのが、子どもたちの目標になった。

この年は、自分たちで栽培したお米を食べ比べる前に、三重県科学技術振興センターのさくらキッズプロジェクトに出前授業を頼んで、お米の品種当てクイズをやってもらった。出前授業にきてくれた三人のなかには、三重県の稲の新品種「みえのえみ」を開発した人もいた。

クイズの方法はいたって簡単。持ってきてもらった六つの品種のお米を炊

図1　さくらキッズプロジェクトの出前授業でお米の品種当てクイズに挑戦する

炊飯器でそれぞれの品種のお米を炊く

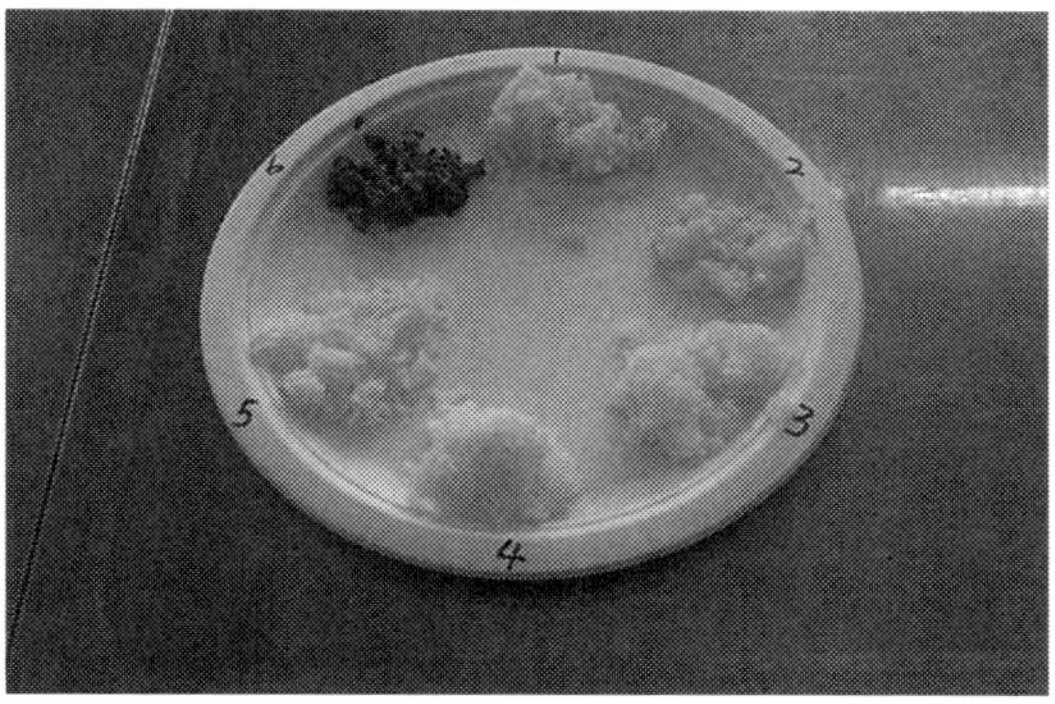

6つの品種のお米を皿に盛りつけた

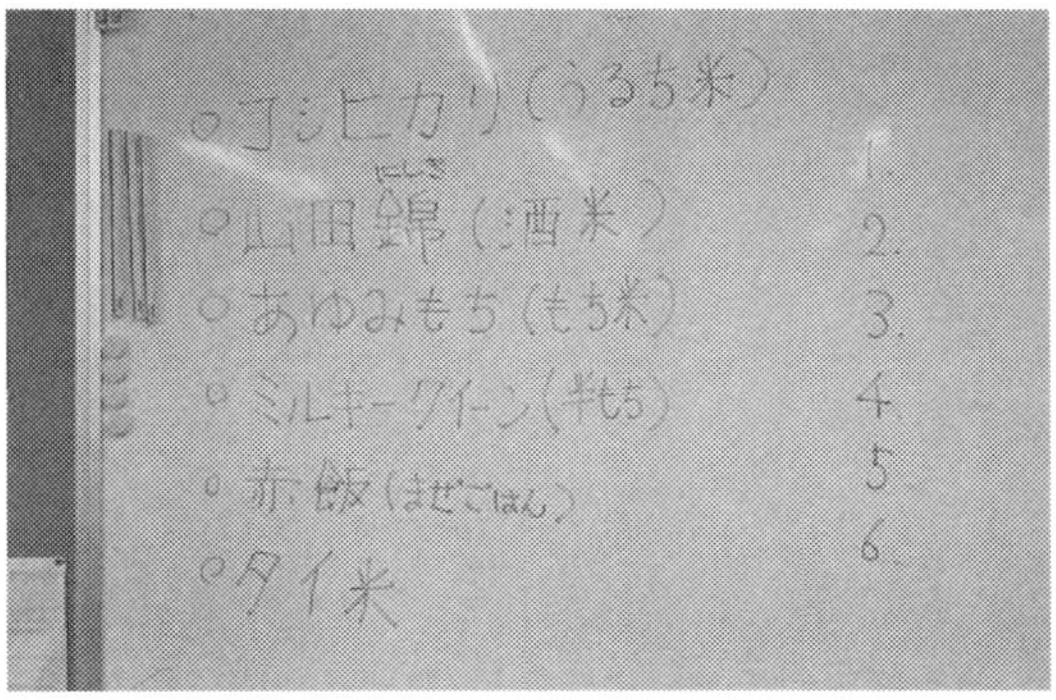

左の品種名と右の番号がどう対応するか

早速、食べてみる

飯器で炊いて、番号のついたお皿に盛りつけ、ホワイトボードに書き出されたそれぞれの品種名と、お皿の番号を結びつけるもの（図1参照）。

六つの品種は、コシヒカリ、山田錦（酒米）、あゆみもち、ミルキークイーン（半もち）、赤米（まぜごはん）、タイ米という区別のつきやすい構成ではあったが、それぞれの品種の味の解説がないにもかかわらず、クラスのほとんどの子が正解だった（ちなみに、神谷先生は二問が不正解）。

品種改良の歴史を味わう

さて、いよいよ自分たちが栽培した二四品種の食べ比べである。去年より種子島黒米、竹成米の二品種が増えたが、あとは去年と同じ品種構成（図2参照）。今年は、赤米、紫黒米などの色のついた品種は三分搗きで、ほかは予定通り白米で食べることにした。

食べ比べの当日は、今年も大塚文平

図2　22品種の食味評価表（平成13年度）

食味評価表

評価尺度
普通　良い・不良　0
わずか　良い・不良　±1
少し　良い・不良　±2
かなり　良い・不良　±3
なかなか　良い・不良　±4
もっとも　良い・不良　±5

名前＿＿＿＿＿＿＿＿

項目／品種名	外　観	香　り	味	粘　り	硬　さ	総　合
対馬　赤米						
種子島　赤米						
総社　赤米						
ブータン　赤米						
フィリピン　赤米						
スリランカ　赤米						
神丹穂　赤もち						
ベニロマン　赤米						
花穂　赤米						
紅血糯　紫黒米						
関東182号　紫黒米						
朝紫　紫黒米						
みどり　米糯						
紫稲糯						
ミルキークイン						
サリークイン						
香り　うるち米						
香り　もち米						
大粒種						
矮性種（紫）						
矮性種（青）						
神力						

①観る　②嗅ぐ　③ご飯を噛む

さんに来ていただいた。大塚さんによれば、おいしい白米には五感を満たす次の五つの条件があるという。

【視覚】色が白く、つやがあり、粒の形がよい。

【聴覚】噛むとき、音がほとんどしない。

【臭覚】風味がある。

【味覚】いくら噛んでも味が変わらず、多少油っこい感じと、何となく甘い感じがするが、無味に近く、長く噛んでも甘くならない。

【触覚】暖かく、ご飯粒がなめらかで、柔軟、ねばりと弾力がある。

お米をたくときは、水量はすべて同じとし、前日から水につけておく。それらを、飯ごうとコンロでたくのである。たいたお米は、赤米から順に図3のように並べて、食べていった。そうすると、白米に行くにしたがって、だんだん味がよくなるのがわかり、子どもたちは、日本人が何を求めて稲の品種を改良していったのかがわかるような気がした。

そして、図2のような基準に沿ってそれぞれの品種を採点して最高点を得たのは、ミルキークイーンだった。

感性を養う「食べ比べ」

赤米や紫黒米をたくと、吹きこぼれる汁にも色がついており、また香りも品種ごとに違うのがわかる。こうやって炊飯の過程からしだいに感覚を研ぎ澄ませていくと、品種ごとの味のちが

図3　大塚文平さんを招いて24品種のお米を食べ比べた（平成14年度）

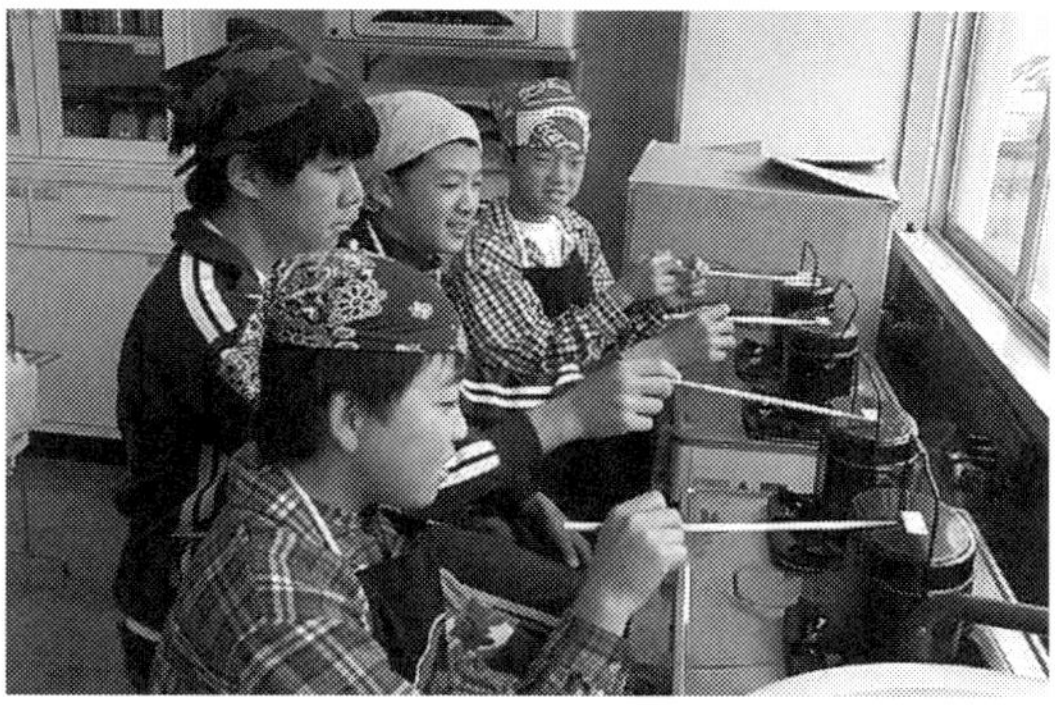

飯ごうとコンロでお米をたく

子どもたちに話す大塚文平さん

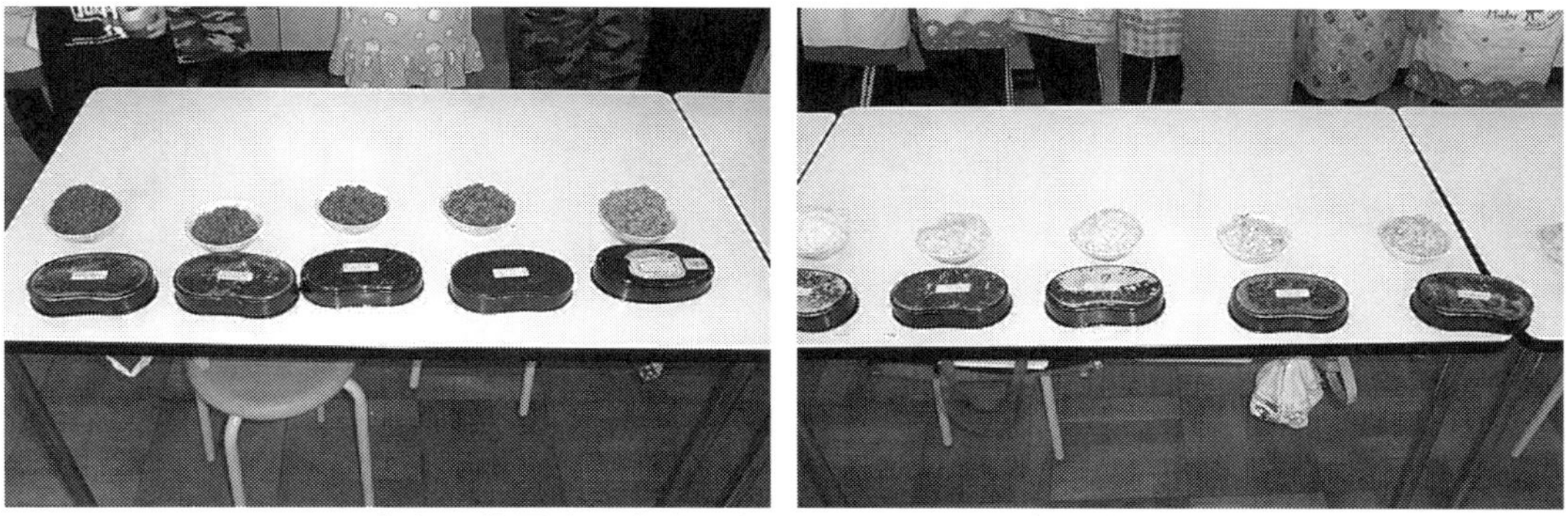

赤米→紫黒米→白米の順にお米を並べて食べ比べる

いがよくわかるのだそうだ。文字や映像の情報だけでなく、感性を研ぎ澄ませて、自分で体験してわかったことは、いつまでも残ると、神谷先生は考えている。

また、食べ比べによって、子どもたちが、食べ物をじっくり味わって食べることを身に付けたのも、成果の一つだ。そのせいか、給食の食べ残しがゼロになった。

丹生川小学校のように二四品種も栽培しなくても、食べ比べはできる。スーパーや米屋で売っているお米を買ってきて、自分たちが栽培した米とくらべるのも一法だ。また、世界の米、古代米と食べ比べたければ、次の米穀店に問い合わせる方法もある。

【にしら米穀店】
〒六六九－一三五八　兵庫県三田市藍本四九三
TEL・FAX　〇七九五－六八－一八八九
http://www.nisira.com/gk/gk1.htm

発展

健康の源・米ぬかをおいしく食べるコツ

家庭料理研究家　奥薗　壽子

ぬかって食べられるんですか?

わが家に精米機が来たのが二年前。以来、自家精米の分つき米を楽しんでいます。自家精米のいいところは、そんなふうに、その日の気分や料理によって、つき方を変えて、さまざまな分つき米を楽しめるところ。それがつきたてなのですから、そのおいしいこと。

けれど、それに加えて、つきたてのぬかを利用できるメリットも見逃せません。つきたてのぬかは香りもよく、そのまま舐めてみると、ほのかな甘味さえあります。ぬかそのものを食べるというと、「ぬかって食べられるんですか?」と聞かれることがありますが、玄米を食べることを考えれば、食べられないはずはありません。むしろ、白米は白米、ぬかはぬかで食べることで、結果として玄米を食べたのと同じ栄養をとることができるのですから、こんないいことはありません。

栄養的に見ても、炭水化物やタンパク質以外の大部分の栄養素（ビタミンB類、ミネラル、アミノ酸、食物繊維など）は、ぬか層と胚芽に含まれているのですから、みすみすこの大事な栄養部分を棄《す》ててしまうのは、なんとももったいないような気さえするのです。

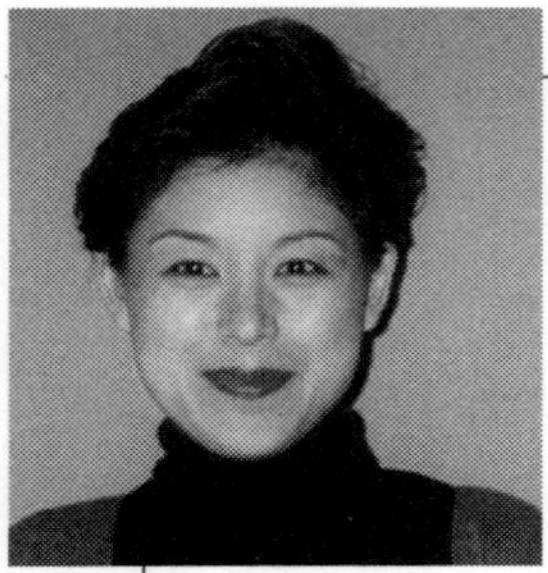

●筆者紹介
1962年、京都に生まれる。料理は楽しくシンプルにがモットー。テキトーにつくっても、まちがいなくおいしくてヘルシーなものができるズボラ流家庭料理を広めるべく、全国を飛びまわっている。イイカゲンテキトーに子育てしている一男一女の母でもある。
〈著書〉『ふだん着の虫草遊び』『もっと使える乾物の本』（農文協）など。

米ぬかパンケーキ

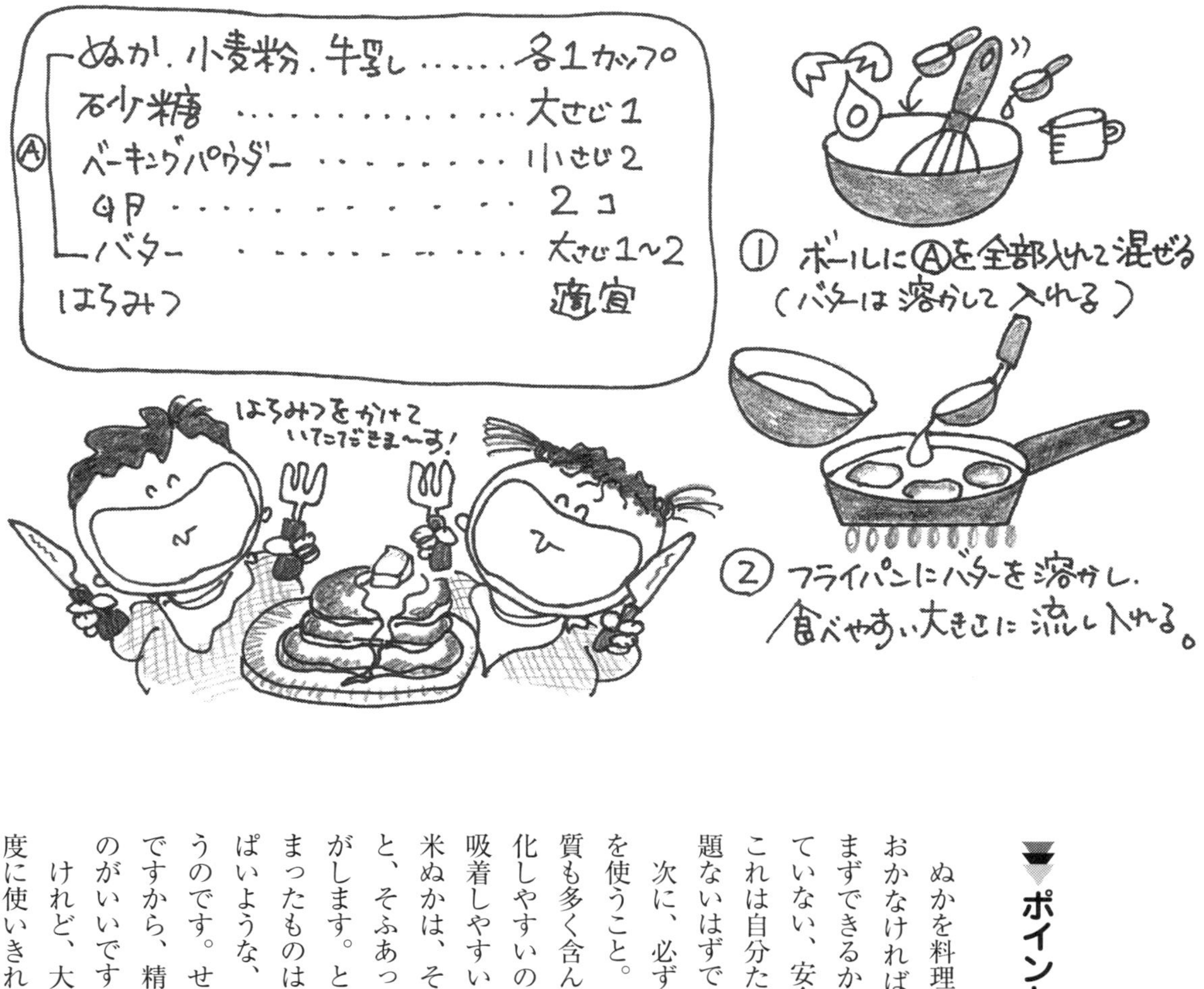
ぬか、小麦粉、牛乳……各1カップ
砂糖……大さじ1
Ⓐ
ベーキングパウダー……小さじ2
卵……2コ
バター……大さじ1〜2
はちみつ　適宜
はちみつをかけていただきま〜す！
① ボールにⒶを全部入れて混ぜる（バターは溶かして入れる）
② フライパンにバターを溶かし、食べやすい大きさに流し入れる。

ポイントは新鮮なぬか

ぬかを料理するときに気をつけておかなければならないポイントは、まずできるかぎり農薬などのかかっていない、安全な米ぬかであること。これは自分たちで栽培した米なら問題ないはずです。

次に、必ず新鮮なつきたてのぬかを使うこと。ぬかは、栄養豊かで脂質も多く含んでいる部分ですが、酸化しやすいのが難点。またにおいも吸着しやすいのです。精米したての米ぬかは、そのまま口に含んでみると、そふあっと香ばしい、いい香りがします。ところが時間がたってしまったものは、なんともいえずすっぱいような、いやな風味が出てしまうのです。せっかく自家精米するのですから、精米してすぐに料理するのがいいですね。

けれど、大量にぬかができて、一度に使いきれない場合は、炒りぬかにしてしまうのがお勧めです。やり方は、油も何も引かないフライパンを火にかけ、その中に米ぬかを入れ、ゆっくり弱火でいためていくのです。火が強いと、あっという間に焦げてしまうので、要注意です。最初はちょっとくさいにおいがしますが、そのうち米ぬかもちょっと茶色くなって香ばしい香りがしてきます。こうなれば出来上がり。ちょっとつまんで食べてみてください。なんだかこのままご飯にかけて食べられそうな気になりますね。

炒りぬか料理アラカルト

そこでこの炒りたての米ぬか、せっかくなので、ふりかけにしてみましょう。火加減をごくごく弱火にし、醤油を少しずつ回しいれます。米ぬかが醤油を吸ったら混ぜ、醤油を吸ったら混ぜという感じで、全体に醤油味をつけていくのです。途中焦げてきたら、火を消してしまってもかまいません。少し味見をして、ちょっとしょっぱいかなというくらいの味になったらＯＫです。手でもんで細かくした鰹節や、すりごま、青海苔など、好みのものを混ぜれば、自家製米ぬかふりかけの出来上がりです。

これを白米にたっぷりかけて食べれば、玄米を食べるのとおんなじ!? いつも食べてる白米で、手軽に玄米並みの栄養価が期待できるのがうれしいですね。

さてこの炒りぬかですが、ここまでしておけば、小麦粉に混ぜてお菓子やパンを作ることもできます。あまりたくさん入れすぎると、ぼそぼそしてくるので、最初は一割程度混ぜる感じから始めてください。

またきなこと混ぜれば、香ばしい麦焦がしのような感じになりますから、砂糖を混ぜて、そのまま白玉団子やお餅にかけて食べてもおいしいですね。

またハンバーグなどのひき肉料理に、パン粉代わりに混ぜると、まったくぬかとは気づかずに、ぺろりと食べてしまえます。しかもぬかの入ったハンバーグは、冷めたあともしっとりしていて、柔らかいのがうれしいところです。

炒りぬかは常温保存できますが、これもあまり長い間おいておくのはよくありません。少しずつ精米して、少しずつつきたてのぬかを食べるのが理想ですが、それができない場合は、冷凍保存するのがお勧めです。

ぬか入りハンバーグ

合びきミンチ	300g
玉ねぎ（みじん切り）	1コ
ぬか	1カップ
卵	2コ
塩	小1/2
しょうゆ	大さじ1
Ⓐ ケチャップ	大さじ2
Ⓐ ウスターソース	大さじ2
Ⓐ しょうゆ・水	各大さじ1
サラダ油	適宜

① 玉ねぎはあらかじめ油で炒め、全ての材料をボールに入れて混ぜる。

② 食べやすい大きさに丸め、両面こんがり焼き、Ⓐを混ぜたソースをかける。

精米機選びのコツ

最後に精米機の選び方のポイントですが、いちばんネックになる部分は、実は掃除なのです。

精米機内部の入り組んだ部分にぬかがたまり、その部分をほったらかしにしておくと、虫がわいたりする原因になります。けれど、物によっては、ねじをはずし部品を取りはずさないといけない精米機も結構あります。ですから、分解が簡単で、掃除が楽にできること。これは事前にチェックしてから購入したほうがいいですね。

私が今使っているのは、日本タッパーウエアー社のものですが、精米した米とぬかが、それぞれ専用のふたつき容器に入る仕組みになっていて、そのままふたをすれば、他の入れ物に移しかえることなく、冷蔵庫に入れて保存できるところも、お勧めの理由です。

どんな仕事があるの？

農と自然の研究所所長
宇根 豊

●現代の稲刈りから精米まで

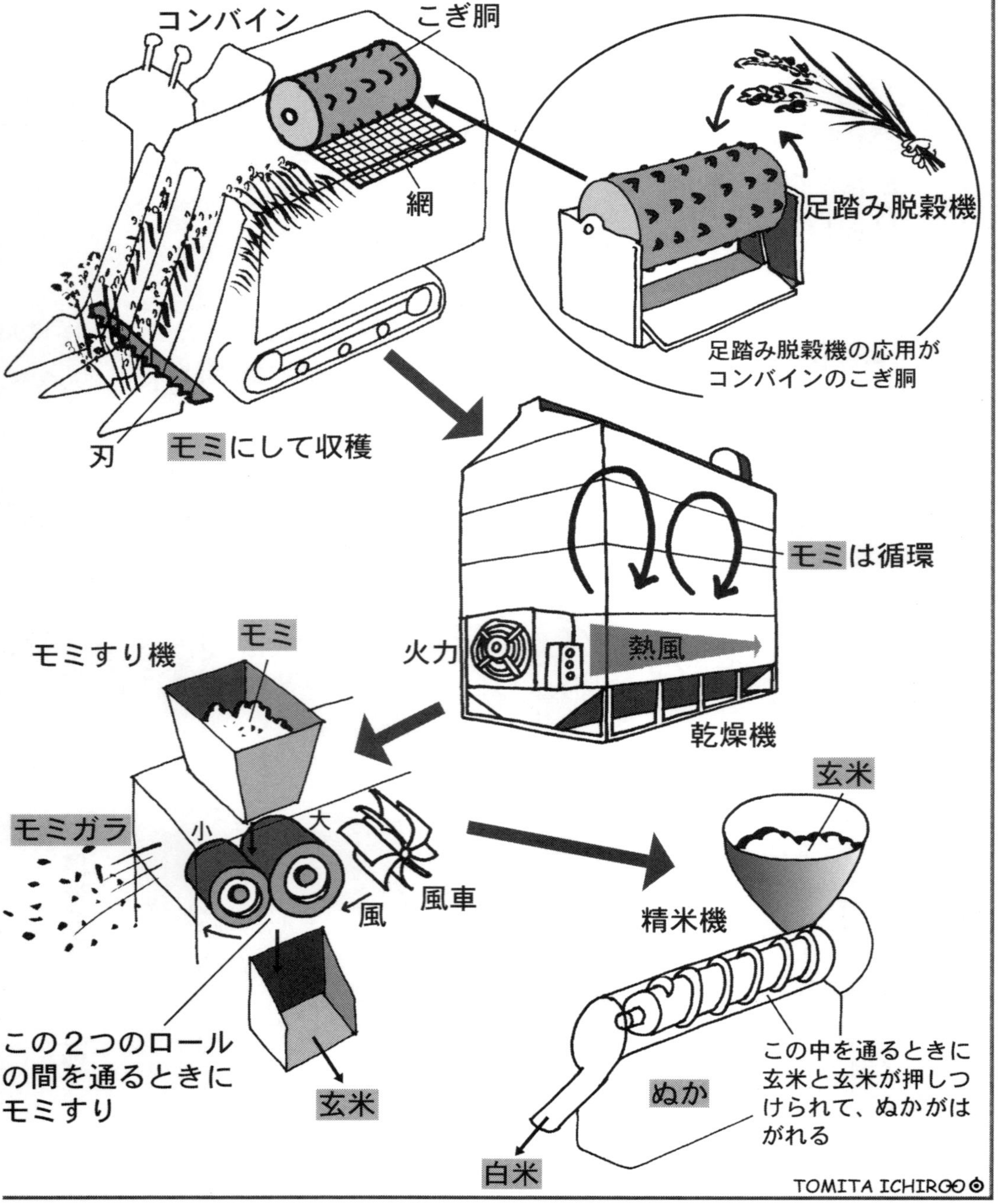

比べてみよう今と昔ー稲刈りから精米まで

「稲の収穫から精米まで、どんな手順で作業するのか？」とあらためて問われると、答えに困るようなことはありませんか。ここで、江戸時代と現代とのそれらの作業を比べてみましょう。また、収穫された稲の実が、作業の工程ごとに、どのように呼び名をかえるのかも確かめてみましょう。

●江戸時代の稲刈りから精米まで

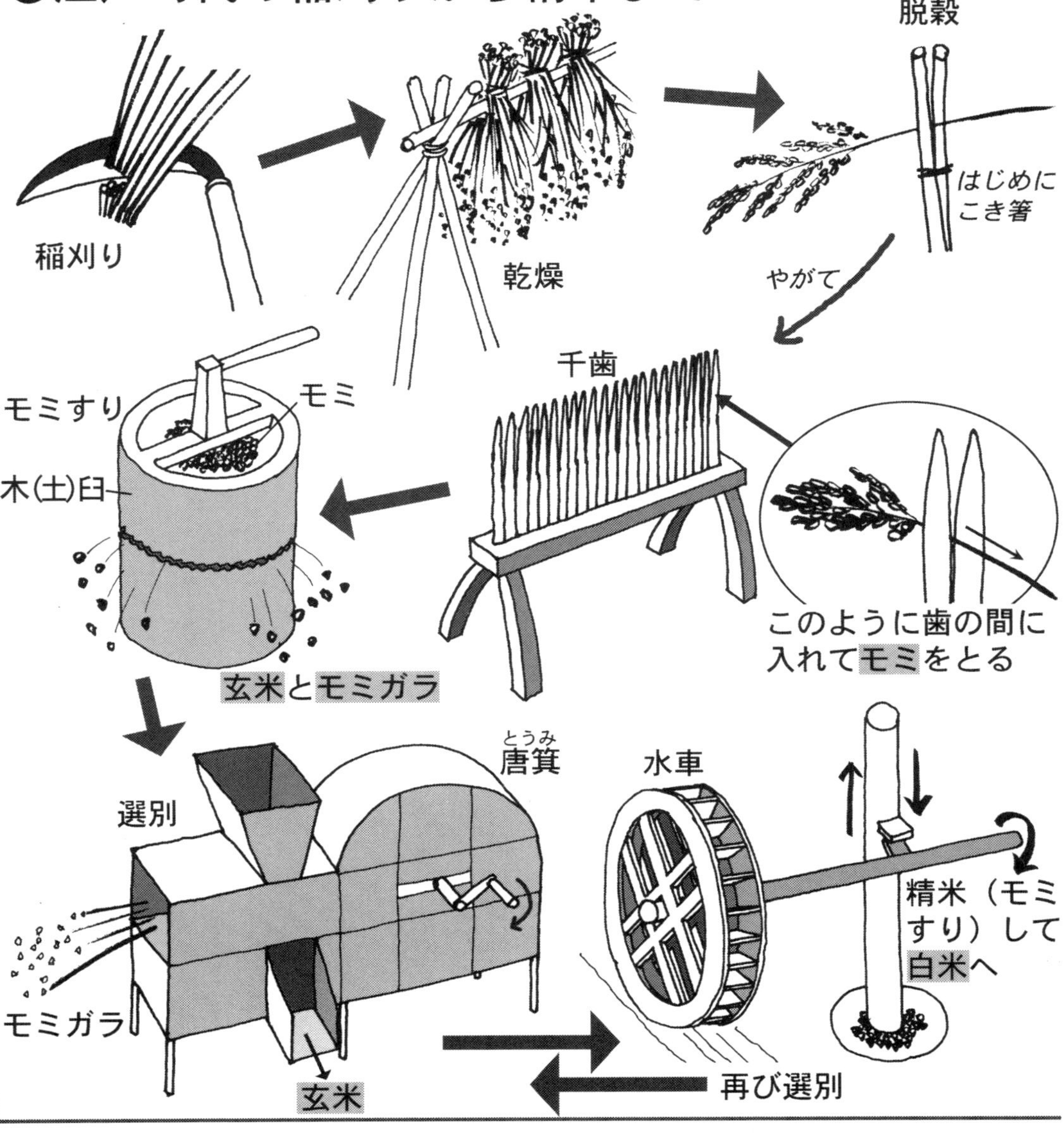

コラム　稲の生命を感じる観察のポイント⑦　市川　道和

撮影：赤松富仁

▲穂の軸（茎）の元が青く、青いモミが少しついているくらいが収穫適期

収穫適期の見分け方

穂先が黄金色にそまり、重そうにたれ下がった稲をみると、だれもが豊かなみのりを実感します。刈取り（収穫）は、穂が出てからおよそ五〇～六〇日後に行ないますが、植え付けた品種や地域（気候）のちがい、田植えの時期などによって多少かわります。

穂が出て四五日をすぎたあたりから、穂の様子に注意をはらうようにしましょう。穂をつけた茎（穂の軸）の元がまだ青く、青いモミが少し残っている（一割くらい）ころに、天気のよい日を選んで収穫します。それらは掛け干しをしているうちに、やがて黄色くなります。

穂全体が黄色くなるまで待っていると、先にみのったモミにヒビ（胴割れ）が入り、おいしさがそこなわれてしまいます。さらに収穫が遅れると、モミの表皮が茶褐色になり、モミ自体も変色していることが多くなります。

（筑波大附属駒場中・高）

11月 ◆ゲストティーチャーを呼ぶ◆

お米を運ぶ人、精米する人、検査する人、
お酒やお菓子をつくる人。米には農家の人だけでなく、
いろんな人がかかわってるんだね。

11月

［食糧事務所を呼ぶ］こだわりの米袋に等級印をもらおう

編集部

お米づくりのこだわりを米袋にデザイン。出前授業で、みごと2等の印（中央）を押してもらった

ゲストティーチャーを探す

十一月。バケツイネを収穫して、モミすりを終えた。このへんでゲストティーチャーを活用した授業を仕組んでみてはいかがだろう。地域の農家のほか、都市部でもお米屋さん、NPO、食糧事務所など、出前授業を引き受けてくれる団体はたくさんある。インターネットや地域の公民館などを通じて、まずは人探しをしてみたい。

東京・青梅市立河辺小学校五年一組の北村充全《みつまさ》先生は、二〇〇二年十一月、東京食糧事務所からの出張講座を企画した。モミすりの後、農家がうけるような等級検査を体験する授業だ。

でも、ただ来てもらって等級づけをしてもらうだけにはしたくない。北村先生が工夫したのは、子どもたちと等級検査、つまり食糧事務所の職員さんたちとの出合わせ方だった。

こだわりを米袋にデザインする

工夫の一つは、オリジナル米袋づくり。ふつう等級検査では、各生産者が検査場に持ってきた三〇kg入りの米袋からサンプルを抜き出して、粒の状態や水分量をチェック。等級ごとにハンコを押していく。一人一バケツで育てた子どもたちの米も、これにならって一人ずつ本物の検査官からハンコをもらおうというわけだ。

せっかくだから袋のデザインも個性的なものにしたい。まずは、家で食べているお米の袋を調べてみた。米袋なんて、ふだん子どもたちは気にもとめてなかったにちがいない。ところが、けっこういろんな米袋があるとわかる。父母も乗り気で、「ほれ、こんな袋もあるわよ」と教室に米袋がじゃんじゃん集まった。

そこで、自分たちも、どんなところにこだわってつくったのかをアピールする袋をつくった。たとえば、ある子の作品。「気合い米　化学肥料は一さいつかっておりません。河辺小の屋上で気合いを入れてそだてました。リストラなどで気合いがない人におすすめ！」（図）。とにかく、元気がいい米袋たちだ。

米袋といっても、B4判の画用紙に描いた絵を封筒に貼り付けたごく簡単なもの。中に入る米はバケツイネ一杯分のわずかな量だが、自分たちのこだわりを検査官の人たちに表現する場ができたわけだ。

教科書だって使い方しだい

ところで、この米袋づくり、北村先生の場合、四月の時点で行なったという。自分はどんな米づくりをするのかを発表し、収穫に向けて意欲をかりたてていくきっかけにもなる。では、まったくの住宅街に住む子どもたちが、五年生の四月に米づくりへのこだわりをどうやってもちえたのか？　北村先生は新しく改定された社会科教科書（教育出版）を、うまく活用している。

五年生の子どもがスーパーマーケットで、新潟県六日町の今井さんという農家の名前が載った米袋を見つける。そこから、六日町の気候・風土、今井さんの米づくりへのこだわりを調べたり、聞き取っていく。また、自分たちでも田んぼやバケツで稲を育ててみる、というのが教科書のストーリーだ。

今井さんは、稲を丈夫に育てるには、「よい土、日当たり、水管理」がポイントであること。化学肥料は稲の成長をよくするが、土が固くなったり、イネが伸びすぎて倒れやすくなることもあり、アイガモ農法も行なっていることを教えてくれる。こうして社会の学習をしながら、自分たちはどんなことにこだわって米づくりをするのかを話し合っていくことができた。

こだわりを引き出す言葉

さて、実際の作業である。北村先生は子どもたちにこんな説明をする。

▼土

「化学肥料はイネの成長をよくするけど、使いすぎると土が固くなるとありましたね。化学肥料を使うもよし。使わないもよし。使わない場合は、堆肥を使います。堆肥っていうのは、牛のうんちです」。

「牛のうんち」に子どもたちはキャーキャー騒ぎ出す。牛ふん五kgと腐葉土一kgをまぜて、わざわざくさくした堆肥をつくりながら、手と鼻を使っての土いじり体験をさせる。なかには、家庭からビニールの手袋を持参する子もいるとか。（＊堆肥はバケツにせいぜい一握り。これでもガスがわく場合もあり、きっちり発酵しているか注意する必要がある）

▼水

「水道水には、塩素が含まれています。プールの消毒に使っている白いかたまりですね。入れすぎると体にはよくないね」。

多摩川の水をペットボトルに汲んだり、浄水器を使ったり、虫や魚、亀を飼っている子からは「置き水」するなどの案がでた。なかには、青梅市の山間部、日向和田《ひなたわだ》に住むおじいちゃんの家に毎週通い、沢水を汲んでくる子もいたほどだ。

▼農薬

「使うか使わないか自分次第。かけない子は、害虫を手でつぶすことになるよ」。

実際は、夏休み中にイネツトムシやシラハガレ病などがでた。手で握りつぶす子もいれば、木酢液、家庭用の殺虫剤を使う子もいる。イモチ病がでたときには、さすがに農協に行って「オリゼメート」と「ダイアジノン」を買った。風下に立たないようにして、ハンカチで口を押さえるなど、使用基準を守って消毒したという。

「間引きをしたよ」

モミすりにも注意が必要

さて、各地の食糧事務所では、等級検査の前に、機械でモミすりの実演もしてくれるのだが、河辺小学校の場合は自分たちで行なった。

ここで注意しなければならないのは、すり鉢でのモミすりは禁物だということ。力が入りすぎて割れがでるなど、規格外となってしまうからだ。北村先生は、自費で手動モミすり機を四台購入した。図工室から紙やすりをもらってこすりつけたり、消しゴムを使ったり、子どもたちも工夫をこらした。

　しかし、子どもの工夫や手動式四台のモミすりでは作業がなかなかすすまない。そこで電動式を新たに一台加えたところ、それは驚くほどの速さだったという。毎分一二〇〇粒の謳い文句もウソじゃない。子どもたちがなによりも感激したのは、玄米とモミガラが分かれてでてくるところ。手動式では混ざってでるので、下じきを使って吹き飛ばしていたのだが、その作業がなくなったのは感動ものだったという。

　はてさて、自分たちのこだわり米にどんな等級がつくのか。楽しみはふくらんだ。

等級検査のようす

等級検査、本番！

　当日、体育館にそれぞれのお米と米袋が並んだ。食糧事務所の職員さん四名を前に、「緑色の米が少しあるのが心配ですが、どうぞ一等をつけてください」「おじいちゃんの家の天然水で育てました。ぼくのお米をよろしくお願いします」と、自分たちのお米をけんめいにPRした。

　そして、玄米をカルトンというプラスチックの黒い皿に入れ、粒のふくらみや水分などが検査される。いよいよ等級が発表された。「お米の中心が白くなる乳白粒が多くありました。三等です」「緑色の米が少なくてよいお米です。二等です！」と等級の印が押されていく。子どもたちの興奮は絶頂に達した。結果。三等が三五人、二等が四人。子どもたちの心配した規格外は、食糧事務所の方々の配慮もあって、一人もでなかった。

　「二等がでてよかったね」。なんでも、東京では田んぼでつくった農家ですら一等米はほとんどでないらしい。

　東京食糧事務所の高村さんは言う。

「出前授業といえど、いい加減には検査しない。農家が出荷する米と違い、クズ米をふるい落とす調製作業を行なわないなどの配慮はあるが、こちらもプロ。米粒を見ればどれだけ大切に稲を育てたかわかる」と。

＊

　十一月。本気になって、プロの言葉を聞く機会をもつのもいい。

発展

もと教師の米屋さんからのアドバイス

[金澤米店の砂金《いさご》健一さん]

米屋といえば、まさしく米流通のプロ。農家が生産した米がどのように消費者まで届くのかを最もよく知っている人だといえる。でも、米の流通ルートはさまざま。それを短い時間で説明しろということだと、米屋さんにもかなりむずかしい。

教師から米屋さんに転進し、米の学習のアドバイスをする砂金健一さん

東京・入谷の金澤米店、砂金健一さんは、かつては社会科の教師で、米をはじめとする農業を積極的に授業に取り入れ、生徒が外に出てどんどん調べていく方式をつくりだしていた。「この店に聞きにくる子どもたちにも、ただ説明を聞いて終わりというのではなく、自分で動いていけるようにしたい」という砂金さんのアドバイスを聞こう。

茶わん一杯のご飯の値段はいくら

店に米のことを聞きにくる子どもたちに、こちらのほうから尋ねるのは、「きみたちが食べているお米だけれど、茶わん一杯のごはんの値段はいくらかな」ということです。

「たとえば、一キロ六〇〇円というお米は高い部類に入ります。それでも茶わん一杯たったの四〇円。一キロ三〇〇円のものなら二〇円です。スーパーやお弁当屋さんで、炊いたお米がパックに入って売られているけれど、それはいくらかな」。お店に調べに行って、茶わん一杯の値段と比べるのもいいですね。一パックで一八〇円などといった値段がなぜついているのか。なぜ、そんなに違ってくるのかも考えていけます。

きみが一年に食べるお米はバケツ何杯分か

また、米をつくった子どもたちなら、自分が一年間に食べる米の量を計算して、それにはどれだけの栽培面積が必要か、それがバケツ稲だったら何個分になるのかを調べるといいでしょう。茶わん一杯の米の量からそこまで計算をしていくわけです。自分を出発点にして世界を広げていくことで、流通や加工について具体的なことが知りたくなったら、米屋に話を聞くといいでしょう。米屋は米の産地や品種、品質、そして味、値段などについては商売柄よく知っています。

米屋さんの商売のコツ

私がこの商売を始めたときに言われたのは、飛び切りうまい米は売ってはいけないということでした。たしかに飛び切りうまい米が入ることがあります。一年通して売れるだけの量が入ればいいけれど、そんなことはありません。次に味が落ちると、お客さんは来なくなります。そこでお客さんにいつもおいしいと思ってもらえるように米をブレンドする技術が必要なのですね。新米の時期のおいしさを長持ちさせるための保管の技術もあります。米屋さんにある道具や機械を見せてもらうのもいいでしょう。

米屋さんのなかには農家とのつき合いも大事にしているところがあります。店頭に農家の写真や名前が貼り出してあるところにいけば、米屋と農家のいい関係も聞きだせると思いますよ。

（取材・まとめ　西村良平）

金澤米店の店先はお米と生産農家の情報があふれている。

11月

米の流通に大きな変化

米は米屋さんが扱う時代から、スーパーなどでも売られるようになり、1995年にはスーパーから買う消費者のほうが多くなった。農家が直接、消費者に売ったり、無償で譲渡（お礼を受け取る場合もある）も増えた。食糧庁の消費者モニター調査では、米の購入先は、昨年のおおまかな数字を見ると、農家の無償譲渡が全体の20%で、農家販売分25%でこれを合わせると45%、スーパー25%、米専門店10%、生協10%、農協5%など（米流通の新聞「商経アドバイス」などによる）。輸入米は備蓄されたり、業務用に回ったりもしているが、貿易交渉の結果次第で大きな変化も考えられる。

発展

酒づくりが米の世界を広げる
［まぼろしの米からの酒づくり］

熊本県七城町の七城中学校でアイガモ米栽培の指導員をしている地域の農家、原誠一さんは、酒づくりにも力を入れている。

かつて地域でつくられ、今はまぼろしとなった米「神力《しんりき》」を見つけ出した酒屋、その無農薬栽培を手がけた農家の原さん、その米で酒造りを軌道に乗せた酒蔵の連携プレーは、マンガ『夏子の酒』の九州編ともいえる。

原さんと、七城中学校の数学の教師でコメづくりに取り組み、酒蔵めぐりが大好きという牧昭夫先生の二人から加工をとおして米の世界を広げるためのアドバイスを聞いた。

甘酒づくりと酒づくり

米はそれを食べるだけでなく、加工にも使われる。米のエッセンスともいえる酒は加工の代表ともいえる。

原さんは生徒たちが米の栽培をはじめる段階で、スライドを使って米栽培や酒づくりの話をしている。でも、生徒といっしょに酒をつくって飲もうということにはならない。

そこで登場させたいのが甘酒。これなら子どもたちが喜んで取り組める。秋風が吹く田んぼや校庭での米の収穫祭で体を温めるにはこれがいちばん。米の加工品のありがたみも身にしみてくる。

ここから次のステップとして酒の話をすれば、発酵というワンダーランドへの道がひらけてくる。

そもそも甘酒は、麹（麹菌）を使って米のデンプンを糖分に変化させ

酒蔵で酒の出来ぐあいを確かめる原さん。タンクのふたを開けると、リンゴをすり下ろした時のような甘くさわやかな香りが広がった

たもの。この糖化の工程は、微生物がつくる酵素の働きを利用している。

次に酵母を使って糖分をアルコール発酵させたものが日本酒となる。

甘酒づくりは温度の管理がポイントだ。微生物がよく働くように温かい温度を保ってやる。昔は火をたいて温度を保っていたけれど、いまでは電子ジャーなど、楽に保温ができる道具がたくさんある。

地域のお年寄りが応援してくれれば、麹づくりの段階から本格的に取り組んでみるのもよい。もし、失敗しても、そこで原因を考えて、やり直しをしよう。苦労して麹を育てて甘酒をつくると、また味も格別だ。

原料に用いる米を、もち米にするか、うるち米にするかで、甘酒の味がどうなるかを比べてみるのもおもしろい。米の世界は広くて深いのだ。

酒米と食用米

米には酒米と食用米という分類がある。酒米には、山田錦や五百万石といった品種があり、醸造に用いる粒の中心（心白）の部分が多いものだ。原さんが栽培している神力は酒米と思っていたら違った。おじいさんたちが地域で広くつくっていた食用の米で、それを使って酒もつくっていたのだという。

酒米の品種ではないので、製造の工程の最後に酒を絞ったときに出てくる酒粕の量も多い。そこにもまだアルコール分が含まれているので、福岡県の酒蔵に頼んで、これを蒸留して出てくるアルコールを酒にしている。これは「カストリ焼酎」といわれるもので、大事につくった米を有効利用しているのだ。

原さんは生徒たちに米栽培を通して、米が地域の食と文化を育んできたことを知り、米の世界を広げていってほしいと願っている。

（取材・まとめ　西村良平）

まぼろしの米から生まれた酒「神力」とカストリ焼酎「夢酒神力《むっしゅしんりき》」

コラム　稲の生命を感じる観察のポイント⑧　市川　道和

▲収穫の次の日、伸びてきたひこばえ

撮影：赤松富仁

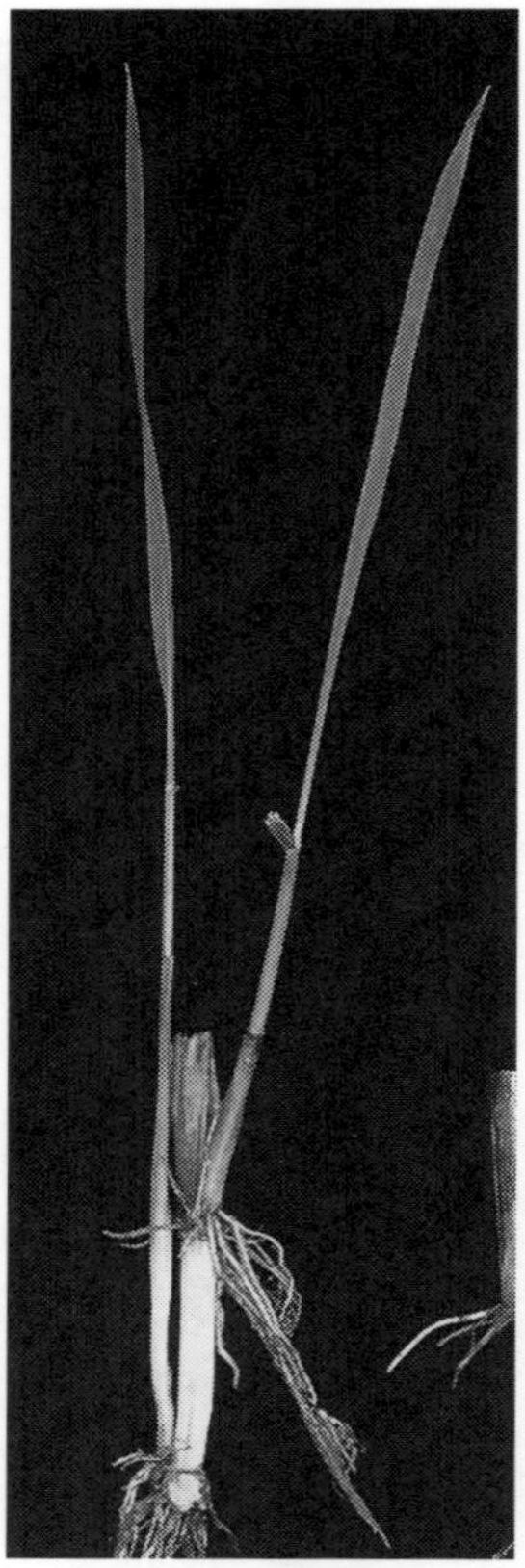

▲下の節から伸びていたひこばえ

切り株から生えてきたものは？

収穫によって地上部分が刈り取られたあとには、株の根元だけが残っています。刈り取った翌日には、ここから新しい葉が伸びてくることがあり、これを「ひこばえ（蘖）」とよんでいます。「孫生」と書くこともあり、あたかも孫が生まれて育ってくるような意味を含んでいるのです。

ひこばえの生えた株を掘り起こしてみると、茎の下から生えだしていることがわかります。つまり、ひこばえは遅れて出てきた分げつなのです。収穫の直前までは、作られた養分はほとんどモミに送られていたので、葉の色が黄色がかり、少し元気がなくなっていたはずです。穂が刈り取られてしまうと、ふたたび養分が分げつにまわり葉が伸びてきます。

早生の稲が早めに収穫されたあとであれば、ひこばえは三～四枚の葉をつけてから穂を出し、二回目の収穫ができることもあります。

（筑波大附属駒場中・高）

12月

ワラってすごい

履物に着物、紙までつくれるすぐれもの。それがワラ。
それにしてもわらじを編むのってややこしい！

12月 都会でも身近にいたワラ加工の先生

編集部

元豆腐屋さんがワラ加工の先生?!

神奈川県横浜市立本町小学校は、桜木町駅から歩いて五分、横浜の町のど真ん中にある。学級の垣根をはずした学習など、先駆的な教育実践で全国的に知られている。

本町小学校では、十数年前から二年生がバケツ稲栽培に取り組んでいる。バケツ稲でも先駆けの学校なのだ。平成十三年度からは、とうとうバケツ稲では飽き足らなくなり、校内にミニ水田をつくり、本格的な稲つくりに一歩近づいた。

この年、収穫も終わったところで、二年生を担当した川崎幸治郎先生たちは、せっかく育てた稲だから、ワラまで活用したいと考えた。ワラで縄をなったり、道具をつくったりできればいいなあ、とは思うものの、稲の栽培に取り組んだのも生まれてはじめての川崎先生には、ワラ加工を子どもたちに教えるなんて、とても無理。

考えあぐねていたところに、いつも学校に出入りして、子どもたちを見守ってくれている、校区の商店街のお茶屋の中村さん（本町小学校の卒業生）が、相談に乗ってくれた。

「ワラ加工かあ。それなら、この前まで豆腐屋をしていた佐藤さんが、農家の出身だから、相談してみたら」

ということで、川崎先生は、元豆腐屋の佐藤さんに、子どもたちにワラ加工を教えてくれないかと、早速、頼んだのである。

段取りをてきぱき仕組む佐藤さん

川崎先生からワラ加工の指導を頼まれた佐藤多計安《たけやす》さんは、現在、七二歳。後継者もいなかったので、長年営んできた豆腐屋は、七〇歳になったときに、自分で定年だと決めて、店をたたんだ。川崎先生からワラ加工の指導を依頼されたのは、豆腐屋の店をたたんだ直後だった。

本町小学校とは学校給食に豆腐を納めてきた縁もあるし、商店街の仲間の中村さんの紹介でもあるし、何より楽隠居というのは、どうにも落ち着かないところだったので、佐藤さんは、川崎先生の頼みを引き受けることにした。

横浜市立本町小学校は桜木町駅近くの商店街の真ん中にある

さて、佐藤さんが学校へ行って、収穫されたワラを見てみると、一所懸命頑張って栽培したのはわかるのだが、細工丈は短いし、ちょっと貧弱だし、細工には向かないと思われた。そこで、福島の実家で農業をしている甥に頼んで、ワラを二束、宅配便で送ってもら

佐藤さんはここで豆腐屋を営んでいた。中央は佐藤さんを訪問する川崎先生

った。

「どうせ最近は、農家でもワラは捨てちゃうんだし、宅配便という便利なものもできたから、訳ないよ」と、佐藤さんは言う。

ワラを調達できても、すぐには加工に取りかかれない。ワラ打ちをして、ワラをやわらかくしなければならな

佐藤さん（左）と談笑する川崎先生（右）

ワラ打ちをしてワラをやわらかくする

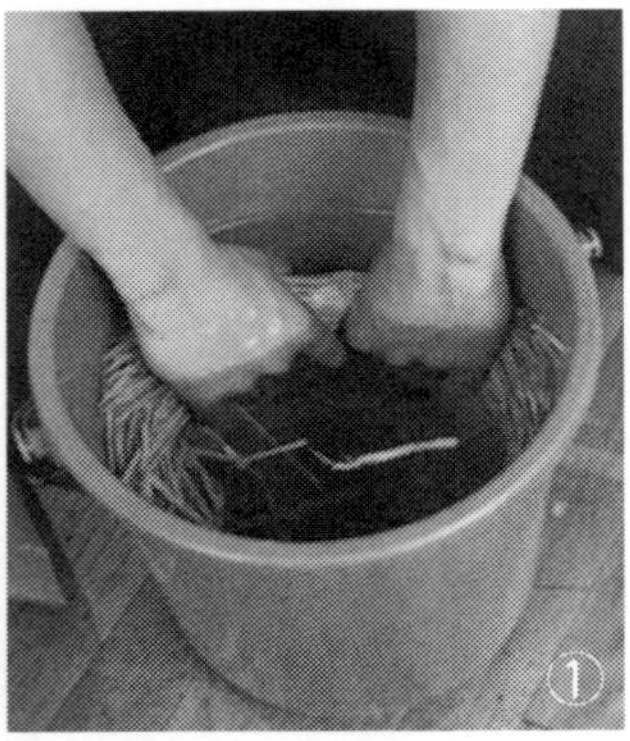

①枯れ葉やカスワラを除いたワラを、霧吹きやぬれぞうきんなどで全体をしめらせる。昨年のワラなど乾燥のはげしいワラはサッと水に通すと使いやすくなる。
②しめらせたワラを木づちでしっかりたたく。1ヵ所に10回前後、左手でワラ束をねじりながら回して、まんべんなくたたくと繊維を傷めず、早く上手にできる。
③ワラ打ち前（奥）とワラ打ち後（手前）のワラ。ワラ打ちすると、繊維がほぐれてやわらかくなり、元がたれている。さわった感じもしなやかだ。

（写真でわかるぼくらのイネつくり4『料理とワラ加工』農文協刊より。撮影：赤松富仁）

い。佐藤さんはツツボ（ワラを打つ木づち。上の写真を参照）を自分でつくって、ワラ打ちをして、ワラ加工の下準備をしてくれた。

佐藤さんのように、「ものづくり」を仕事にしてきた人が何より頼りになるのは、学校の先生では思いつかない段取りを仕組んでくれる点である。

ワラ加工は、縄ないとぞうりつくりを行なった。縄といえば、ビニールの縄跳びの縄くらいしか見たことのない子どもたちは、本物の縄つくりに大感激。子どもたちはいきいきとして、ふざける子もなく、熱心に取り組んでいた。

ワラを一〇〇%活用した農家の暮らし

佐藤さんは、福島県・飯坂温泉の近くの農家の出身。縄ないをはじめとするワラ加工は、別に教わることもなく、見よう見まねでおぼえた。一四歳のときに敗戦を迎えた戦中派だから、子ども時代は物がなく、自分でワラからぞうりをつくってはかなければ、裸足で学校へ行くしかなかった。それは、特別、貧しいというわけではなく、当時は当たり前だった。

　ともかく当時の農家はワラをよく使った。佐藤さんによれば、まず第一の使い道が、牛・馬の餌、そして敷料。敷料は堆肥になった。さらに、縄、ぞうり、むしろ、俵などの日常の道具に加工した。

「ワラは一〇〇%利用したね。いまは、コンバインで収穫するから、ワラを田んぼに撒き散らしているらしいけど、もったいないねえ」と、佐藤さんは嘆く。

　本町小学校の子どもたちには、物がなくても、こうして工夫を重ねて暮らしていた、当時の生活の様子を伝えたかった。そうした佐藤さんの気持ちが伝わったのか、ワラ加工の授業のあと、子どもたちが、ちょくちょく佐藤さんの家を訪ねるようになったそうだ。

学校からの頼みを待っている人たち

　佐藤さんは、昭和二十五年に上京して油揚げ工場に就職し、数年の修行ののち、昭和三十年に現在の場所に豆腐屋を開業。以来、店を閉めるまで働きづめだった。だから、いまは楽隠居でいいのだが、じっとしていると体が疼《うず》いてくる。それで、現在、横浜市のシルバー人材事業で、公園などのせん定の仕事をしている。子どものころ、二五歳年上の兄に、山仕事を叩き込まれ、当時は辛くて嫌だったが、いまはそのおかげで、せん定の仕事ができると、嬉しそうに語る佐藤さんである。

　そんな佐藤さんだから、「ワラ加工だけでなく、野菜づくりなどで、まだまだ学校の手伝いができるよ」と語る。どうも学校から声がかかるのを待っている様子である。

　ワラ加工の体験学習をやりたくても、指導してくれる地域の先生が見つからないと悩んでおられる都会の学校の先生は、地域の商店街や町内会に声をかけてみては、いかがだろうか。佐藤さんのように、農家出身の七〇歳台以上の元気な人たちが、学校から声をかけられるのを待っているかもしれない。

本町小の子どもたちにワラ縄ないを教える佐藤さん

半紙を漉く

青梅市立河辺小学校
北村　充全

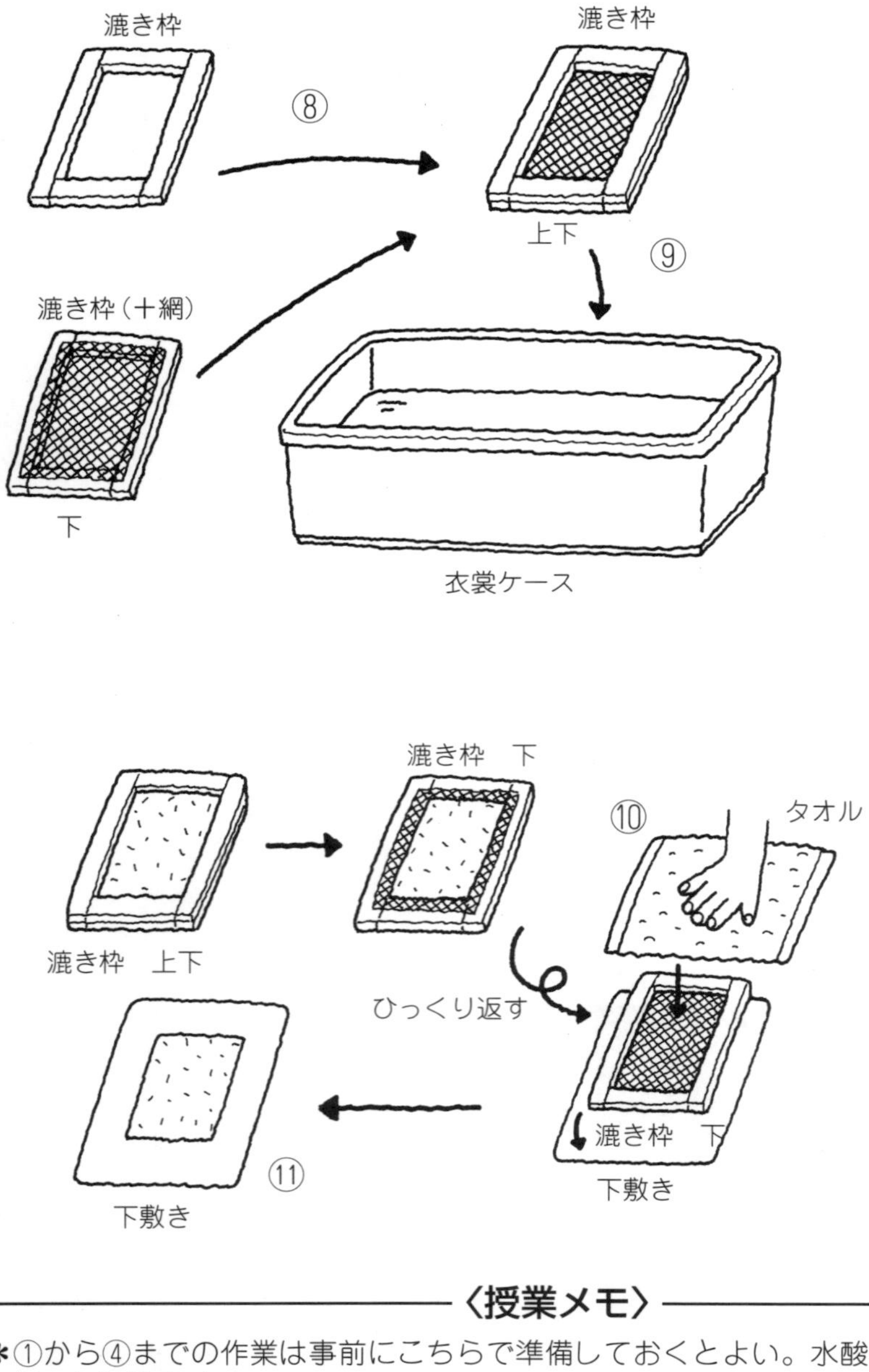

⑧葉書大の大きさに（葉書として使えるように）約1cm角の角材を組み合わせた漉き枠を2組作る（葉書以外の大きさでもよい）。1組に網戸用の網や使い古しのストッキングを張り、漉きすにする（図工用のガンタッカーで固定する）。

⑨漉きすをはさむようにして2組の漉き枠を持ち、⑦の中でわら半紙を漉く。厚くならないように漉き枠を上下左右に動かす。

⑩漉きすを張ったほうの漉き枠を逆にし、机の上に置いた下敷きに重ね、上からタオルなどで押しつける。

⑪そのまま下敷きの状態で乾燥させる。一晩乾燥させてから破れないように取る。

〈授業メモ〉

＊①から④までの作業は事前にこちらで準備しておくとよい。水酸化ナトリウムの取り扱いには注意する。
＊⑧の漉き枠作りの作業は子どもたちと一緒に作ってみても楽しい。90分（45分×2）もあればとても立派なものができる。
＊⑤から⑩までの作業で90分（45分×2）かかる。
＊完成したワラ半紙を楽しみに子どもたちは翌朝登校してくる。

収穫した稲ワラでワラ

学校で紙を漉《す》くというと、ケナフや牛乳パックを原料にすることが多いと思います。けれど、意外に身近なところに紙の原料があります。それはバケツ稲を収穫したあとの稲ワラ。稲ワラを原料にして、ワラ半紙をつくる方法をお伝えします。

[材料]

稲ワラ、水酸化ナトリウム50ｇ、PVA入り洗濯糊（片栗粉）、１cm角の角材、網戸の網（使い古しのストッキング）、タオル

[道具]

金バケツ、ガスコンロ、ミキサー（ジューサー）、衣装ケース

[作り方]

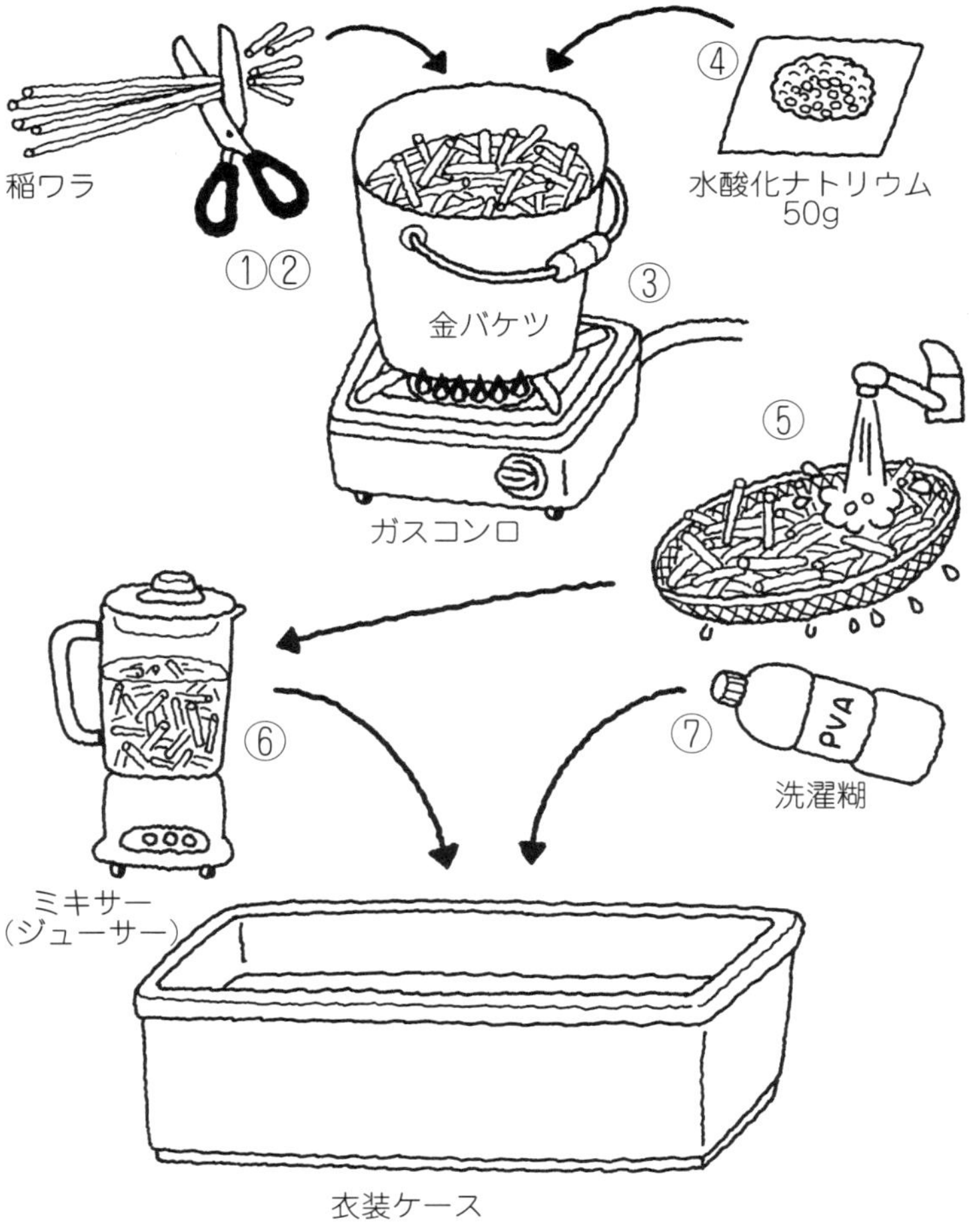

①稲ワラを3cmくらいの大きさにはさみで細かく切る（裁断機を使うと便利）。
②金バケツ8分目くらいになるまで、切ったワラを入れる。
③②にワラが浸るくらいまで水を入れ、ガスコンロの上に直接バケツごとかける（だから金バケツを使う。ガスバーナーでは時間がかかる）。
④ワラの色が変わってきたら、水酸化ナトリウムを加える（金バケツ１杯に水酸化ナトリウム約50ｇが目安。強火で約１時間煮る。吹きこぼれないようにする）。
⑤煮立って柔らかくなったワラをざるにあけ、よく水洗いする。
⑥⑤をミキサー（ジューサー）にかける（水を少し入れる）。
⑦⑥を衣装ケースに移す。水をケースの半分くらい入れる。ＰＶＡ入りの洗濯糊を加え、とろみを出す（衣装ケース1個にＰＶＡ入りの洗濯糊約1本が目安。片栗粉でも代用できる）。

図解 稲ワラを現代に活かす

文・構成／宮崎　清（千葉大学工学部教授）

ワラの漢字は「藁」です。まず、「草冠《くさかんむり》」、次に「高」、その下に「木」を書きます。その漢字を下から上に読んでいくと、「木と同じくらいに高い価値をもった草」と読めます。日本では、「ワラを燃やしたら笑われる」といわれるくらいに、ワラは貴重な素材でした。ワラしべ長者の物語が生まれたのも、ワラが日本人の生活にとって大切な素材であったからです。

ワラは稲から実を採った後の残り物です。日本全国で毎年生産されるワラを使って太さ１cmの縄をなったとすると、その長さは地球と月との間をなんと40往復できるほどになります。まさに、天文学的な量のワラが私たちの国で毎年生産されているのです。稲の栽培とともに収穫されるワラを、私たちも大切にしなければなりません。

ワラが今日の生活のなかでどのように活用できるか、考えてみてください。

ワラ棒を作る

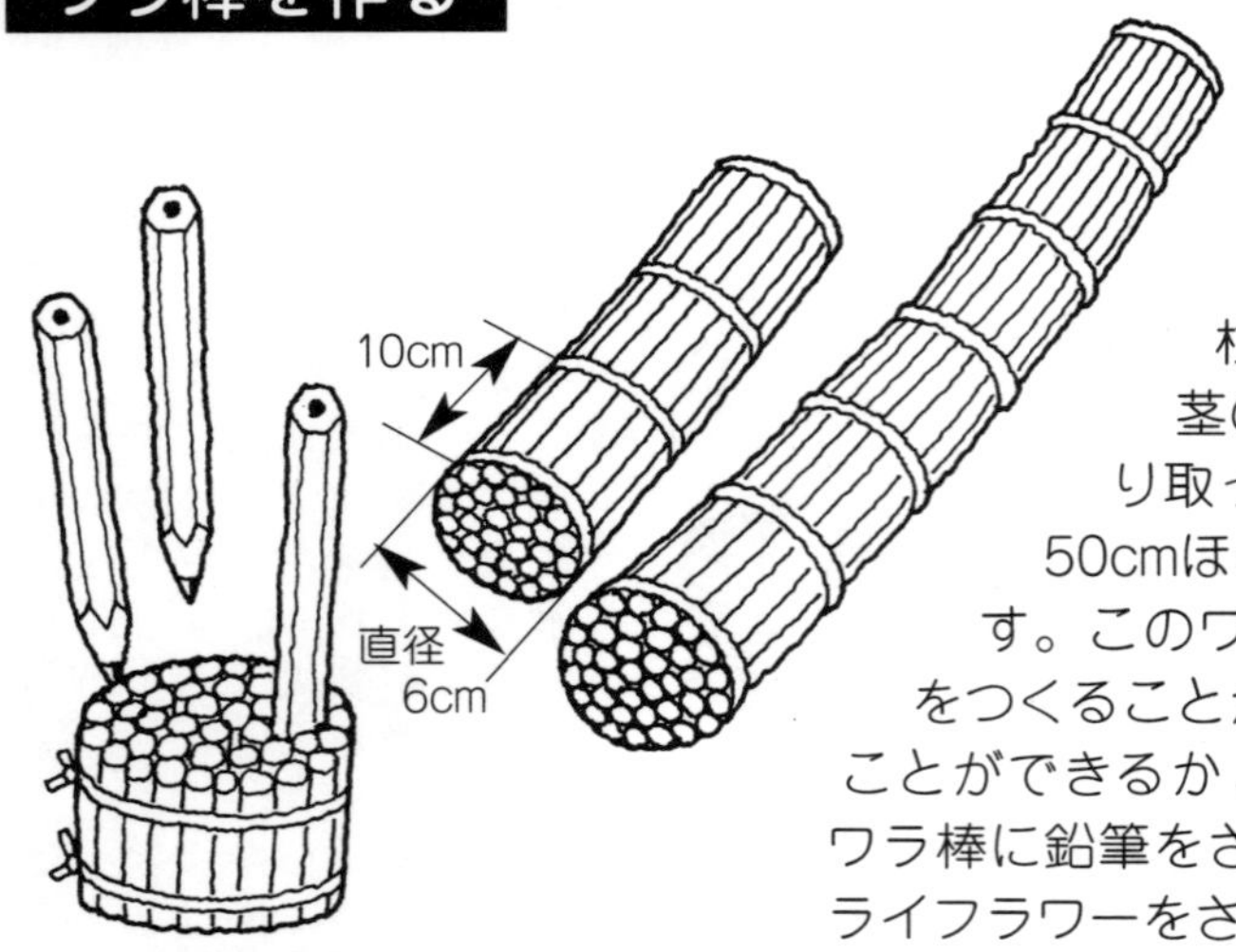

まず、ワラの茎から葉を取り除きます。そして、茎を束ね、10cm間隔にひもでしっかりとしばり、直径6cmほどの円柱にします。円柱の長さはワラの茎の長さによりますが、根元から刈り取ったワラを使えば、だいたい長さ50cmほどのワラ棒をつくることができます。このワラ棒を使って、さまざまなものをつくることができます。どんなものをつくることができるか、考えてみてください。例えば、ワラ棒に鉛筆をさせば、鉛筆立てになります。ドライフラワーをさすこともできるでしょう。

ワラ棒の強さを調べる

ワラ棒がどれほどの力に耐えられるか、実験してみましょう。ワラ棒を立てて上から力を加えます。どのくらいの重みまで、ワラ棒が曲がらずに耐えられるか確かめてください。ワラ棒を横にして力を加えた場合はどうでしょう。実験を通して、ワラ棒の長さ、太さ、力を加える方向などによって結果が異なることを学習しましょう。

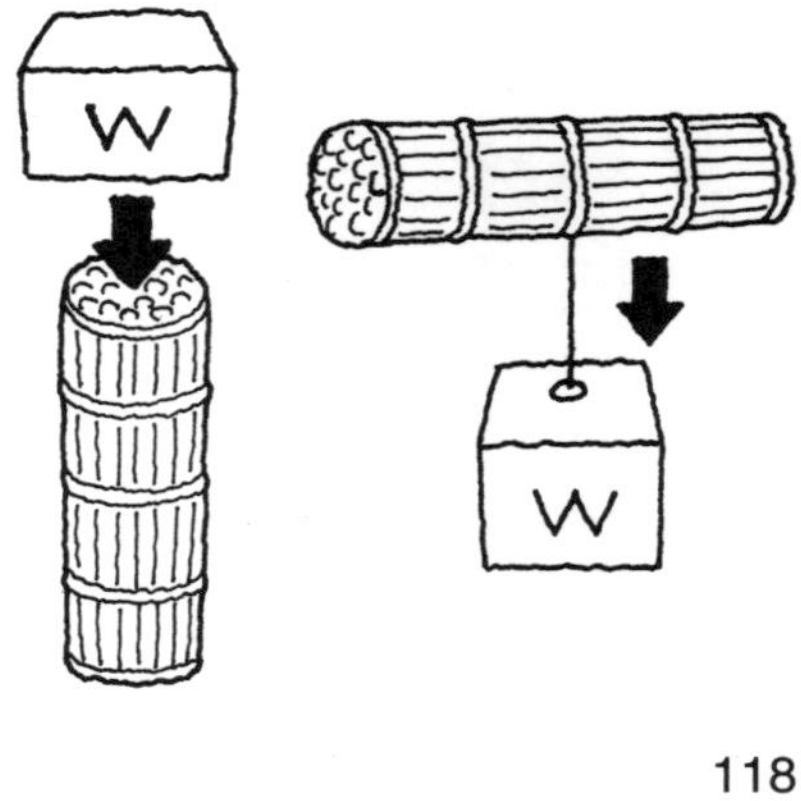

ワラ棒でマットを作る

ワラ棒を横に並べるだけでマットが完成。大の字になって、マットに寝てみましょう。ワラ棒がやわらかく身体を受けとめてくれます。青空の下だと気持ちがいいでしょう。

ワラ棒で犬や馬を作る

ワラ棒の長さを工夫して、犬や馬を作ります。胴を太くすれば、乗ることもできます。

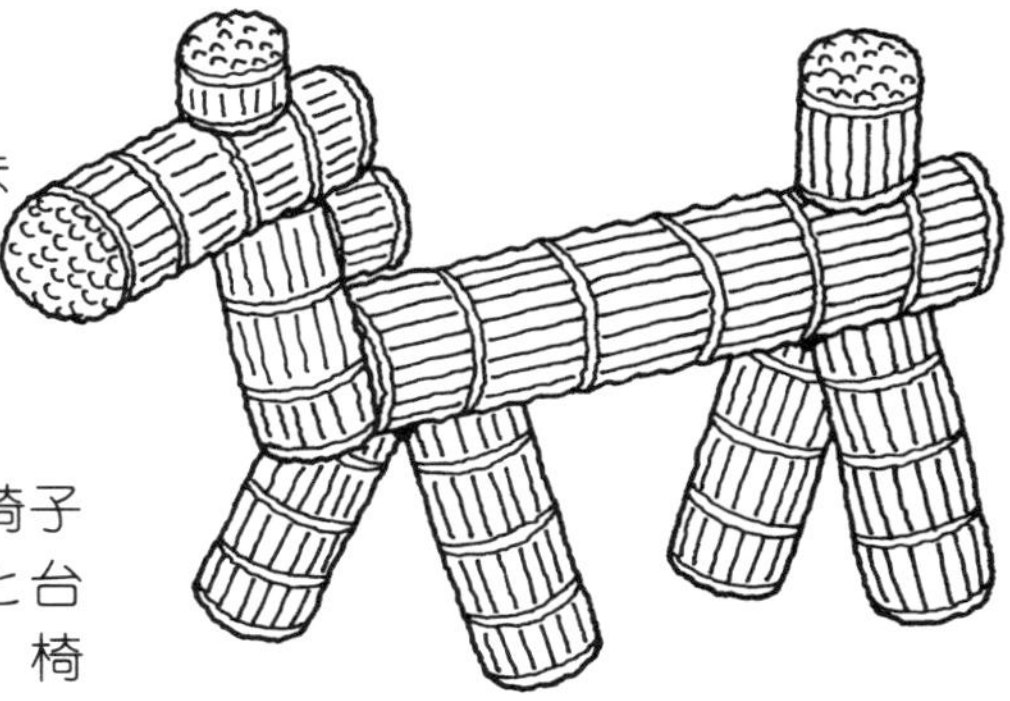

ワラ棒で椅子やテーブルを作る

ワラ棒3本あるいは4本を組み合わせ、椅子やテーブルを作ります。ワラ棒でしっかりと台を作っておけば、その上に板を置くだけで、椅子やテーブルになります。

ワラ棒でジャングルジムを作る

ワラ棒は、立てても横にしても、上からの力に対してある程度の強さを発揮します。ジャングルジムのようにワラ棒を組み立てれば、実際に上に乗ることも可能です。

1本のワラの強さを調べる

ワラの茎は中空です。プラスチックのストローのように、円形の管になっています。しかし、ブラスチックのストローと違うのは、ワラには節がついていることです。この節が、１本のワラにたくさんの実・米がついても、倒れない役割を果たしています。ワラの茎がどのくらいの力に耐えるか、確かめてみましょう。

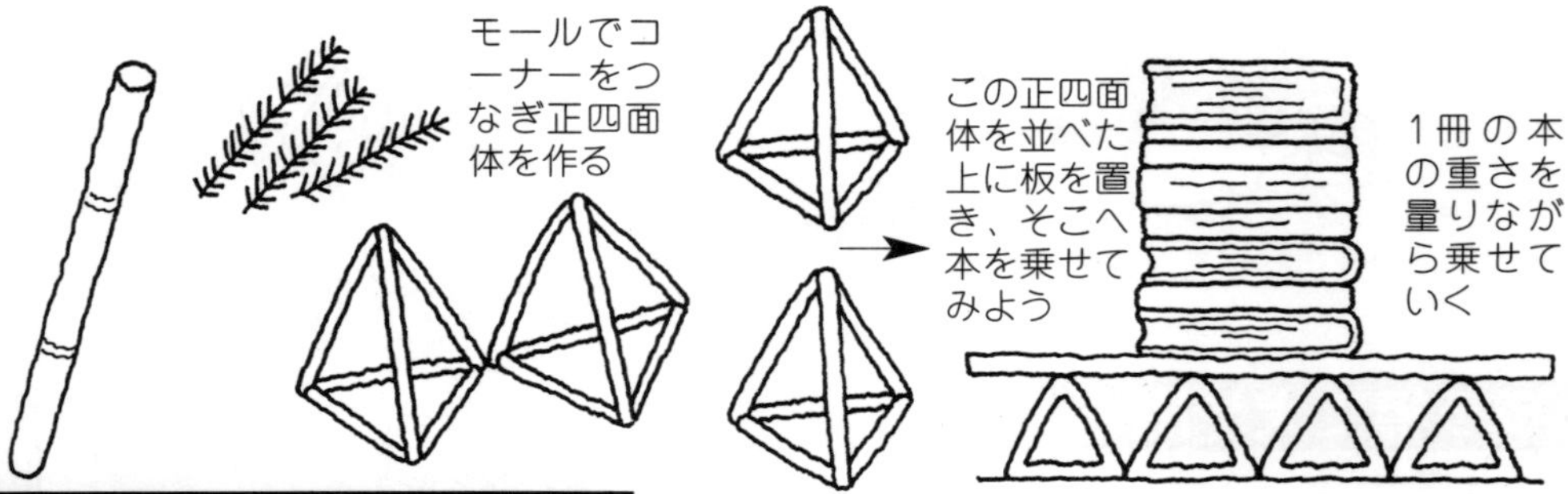
モールでコーナーをつなぎ正四面体を作る
この正四面体を並べた上に板を置き、そこへ本を乗せてみよう
１冊の本の重さを量りながら乗せていく

ワラでモニュメントを作る

１本のワラも組み合わせることによって、大きな力に耐えることがわかったでしょう。高さ２m以上のモニュメントを作ることもできます。

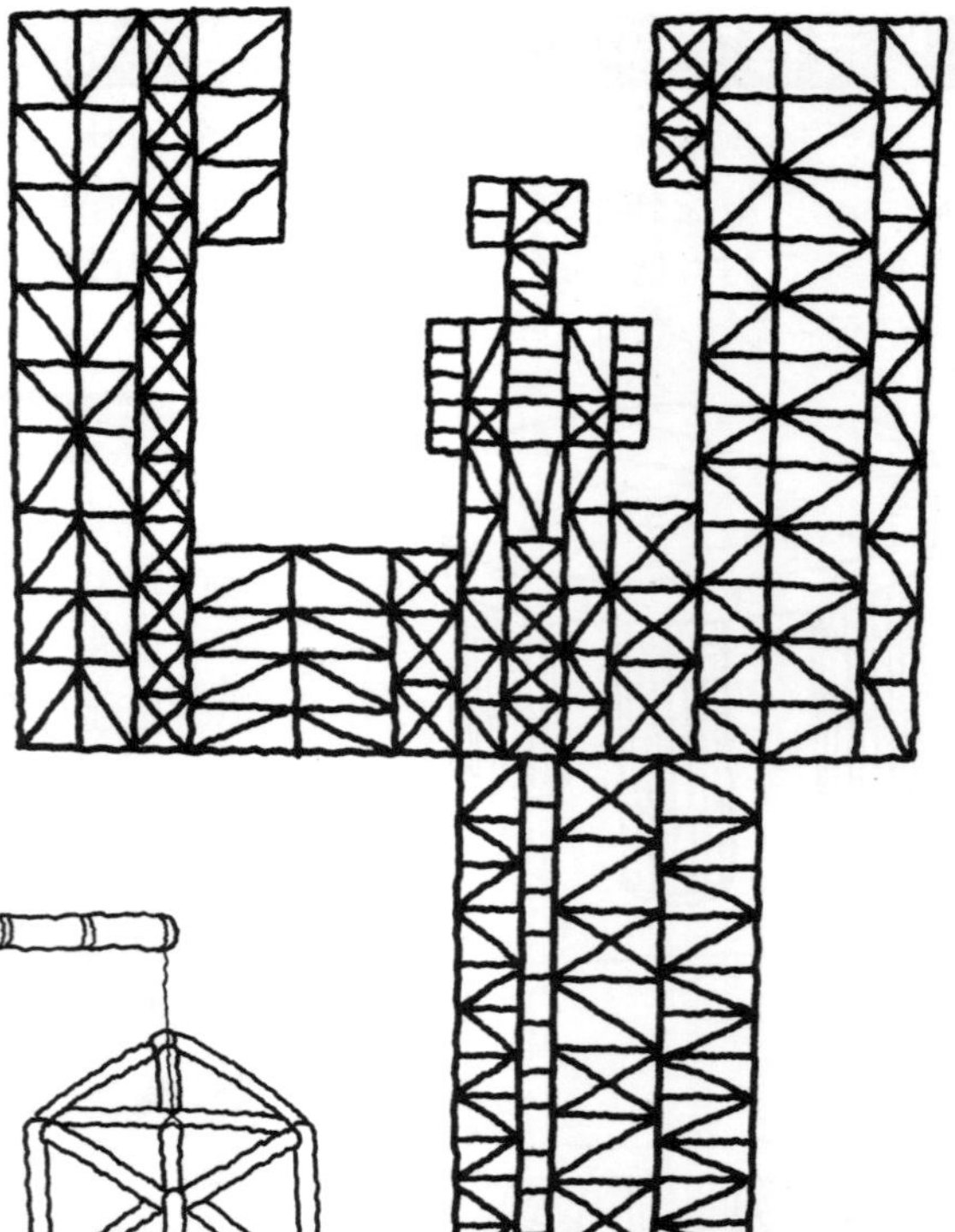

ワラのモビールを作る

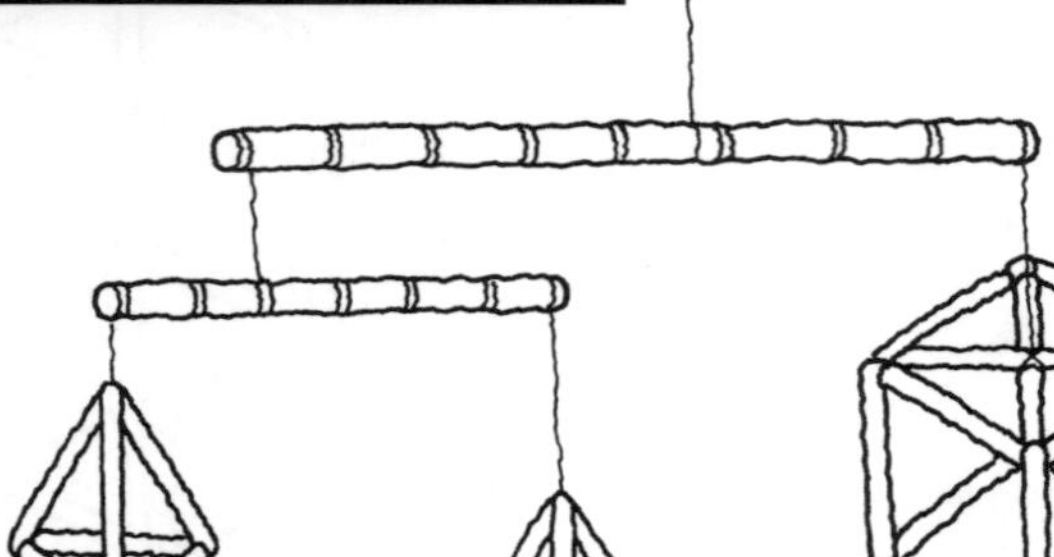

ワラは軽い材料です。風にゆれる彫刻（モビール）を作ってみましょう。釣り合いを考えて形を作り、上からつるし、どのように動いてくれるか、確かめてください。

ワラやモミガラで水をきれいにする

自然の植物は、顕微鏡で500倍ぐらいにしてその構造を調べると、たくさんの孔（あな）がつながった構造になっています。その構造を、多孔質《たこうしつ》構造と呼びます。ワラの茎も、また、米を包んでいるモミガラも多孔質構造をしています。この構造を利用して、汚れた水をきれいにすることができます。

ワラを小さく刻み、モミガラといっしょに、布袋に詰めます。布袋を魚の形に作っておくと、よいでしょう。

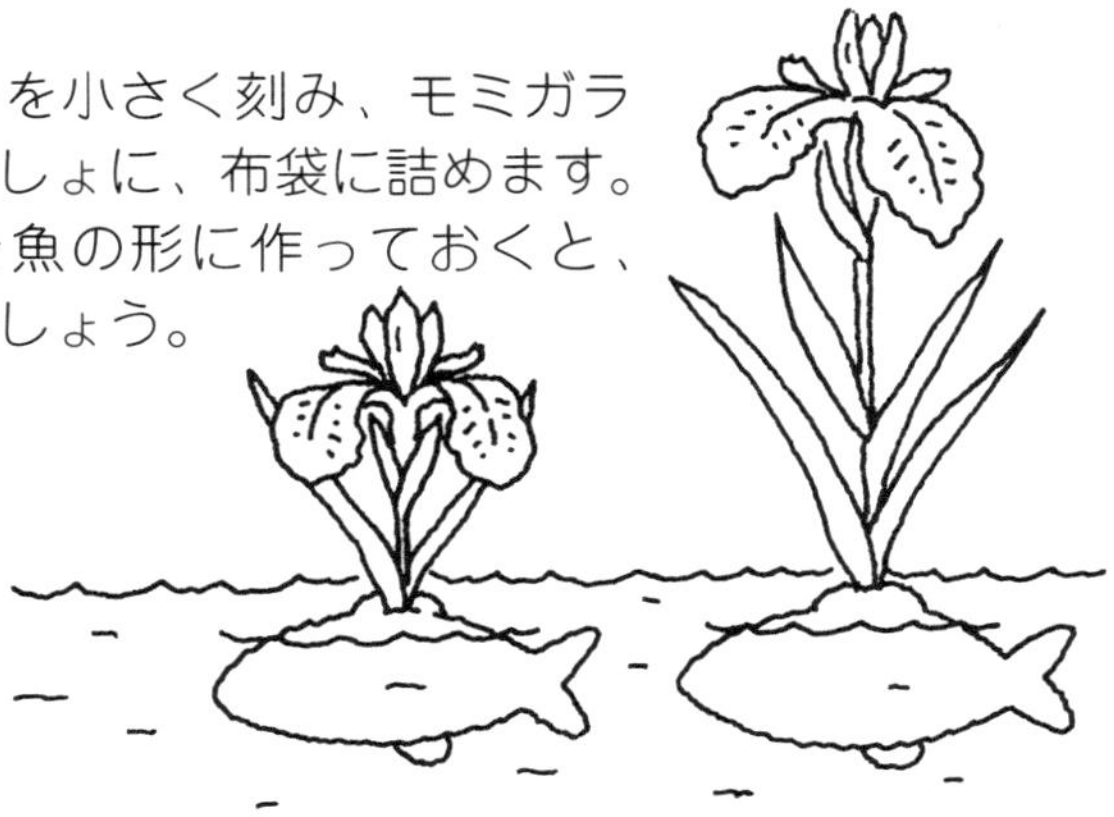

ワラやモミガラを詰めた布袋を、汚れた川や池に浮かべます。どのくらいの時間が経つと水がきれいになるか観察しましょう。水の汚れは、水中に汚れの元になる微粒子がたくさん含まれているからです。ワラやモミガラの小さな多数の孔に、その微粒子が閉じ込められて、やがて、水はきれいになっていきます。

布袋にアヤメのような水生植物の根を入れ込んでおくと、水がきれいになっていくにつれて芽を出し、やがて花を咲かせてくれます。汚れていた川が花壇になって生き返ります。なお、ワラやモミガラを焼いたものを使うと、水質をよりいっそうきれいにすることができます。炭にすると、多孔質化がすすむからです。

ワラやモミガラでクッションを作る

ワラ棒を作るのに、ワラの茎から葉を取り除きました。その葉もむだにしてはいけません。ワラの葉、ワラの茎を小さく刻んだもの、モミガラなどを袋に詰めて、さまざまなクッションを作ってみましょう。ざぶとんやまくらなどとして使うことができます。ワラのにおいがするまくらで、ぐっすりと眠れるでしょう。

ワラは土から生まれて土に還ってくれる素材です。循環型の活用が可能なすぐれた素材です。そして、毎年大量に収穫される素材です。ぜひ、いろいろの活用を考えてください。

1月

米が生み出す食

おにぎりにおすしでしょ。
おもち、きりたんぽ、だんご、あられ、大福、甘酒もあるぞ。
お米っていろんなものの素になってるんだね。

1月 お米の食べ方はごはんだけじゃない

編集部

十月にいろいろな品種でごはんを食べ比べた子どもたち。でも、お米の食べかたはごはんだけじゃない。

お米でできる食べものを子どもたちはどれだけ言えるだろうか。おにぎりやおもちはすぐ出てくる。おはぎやおこわなど、米粒の形をしたものは気づきやすいが、つぶした五平もちやきりたんぽ、粉を使うだんごやらくがん、せんべいやあられは気づきにくいかもしれない。

家に帰って、台所にあるお菓子やさまざまな食品・飲料の材料に米が含まれていないか、「お米さがし」をしてみる。ビールなど意外なもののなかに、お米が含まれていることに子どもたちは驚くことだろう。

お米は表のようにさまざまな形で加工して、利用されている。

おすすめは五平もちときりたんぽ

ではお米を使って、加工に挑戦してみる。

お米の利用アラカルト

	うるち米	もち米
粒のままで	ごはん、おにぎり、乾燥米	おこわ（赤飯）、おはぎ、つきもち、草もち
つぶして	きりたんぽ、ごへいもち	
粉にして	上新粉、上用粉、早並粉、上南粉、寒ざらし粉	白玉粉、求肥粉、寒梅粉、みじん粉、道明寺粉
和菓子	みたらし団子、柏もち	白玉団子、うぐいすもち、らくがん、桜もち
焼菓子、干菓子	塩せんべい	おこし、あられ
めん	ビーフン、米粉うどん	
発酵食品	米こうじ、甘酒、日本酒、米酢	みりん
その他	玄米茶、玄米パン、玄米／ライスフレーク	

徳田安伸「ごはんだけじゃない　いろいろあるぞ米の加工・調理法」（『食農教育』2号より）

農産加工に詳しい都立農芸高校の徳田安伸先生は、バケツ稲でとれる少量の米（うるち米）でできる料理として、五平もちがおすすめだという。長野県と岐阜県、愛知県に伝わる郷土料理である。

小学校高学年なら、四人で米一合（ごはんにして一人九〇gくらい）が

五平もちのつくりかた

ごはんは一人分ずつビニル袋に入れ、上から手をグーにしてつぶしましょう。このとき「五平さんの五平もち！」と５分くらい声をそろえると、皆が均一につぶせます。
本来はすりこぎを使いますが、自分の手でごはんをつぶす体験をしてみましょう。
高学年４人でお米１合ぐらいが適量です（ごはんにして90ｇ／１人）。

〈材料〉 ４人分（４本、所要時間90分）

［もち］●うるち米…150ｇ（１合）（炊いたごはんで360ｇ）●カタクリ粉…６ｇ（小さじ２）
●食塩水…100cc（手水：塩３ｇ、水100cc）●割りばし…４本、ビニル袋…４枚
［たれ］●信州みそ…100ｇ●卵…１個●砂糖60ｇ●しょうゆ…30cc（大さじ２）
●みりん…30cc（大さじ２）●いりごま…15cc（大さじ１）〔クルミ、エゴマでもよい〕
※各材料の量はお好みで加減してもよい。

※串について　串は、薄くて細長い板を使います。割りばしが手軽ですが、もっと大型の五平もちをつくりたいときは、30cmの竹製ものさしを使ってみるのも一方法です。

※五平もちとは　長野県、岐阜県、愛知県の郷土料理。「五兵衛もち」「御幣もち」ともいわれています。

1

少しかたく炊いた米に分量のカタクリ粉をまぜる。１人分ずつ袋にとり、上から米粒をよくつぶしてもちにする。

2

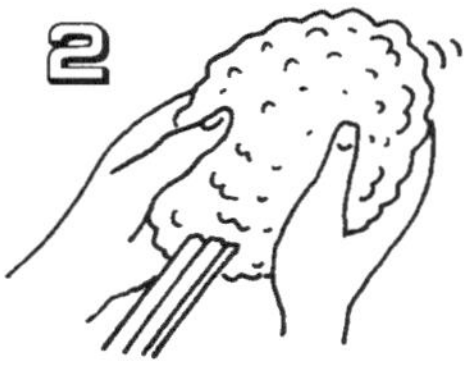

手に塩水をつけ、おにぎりをつくり、割りばしの上半分に平たく、だ円状に固定する。

3

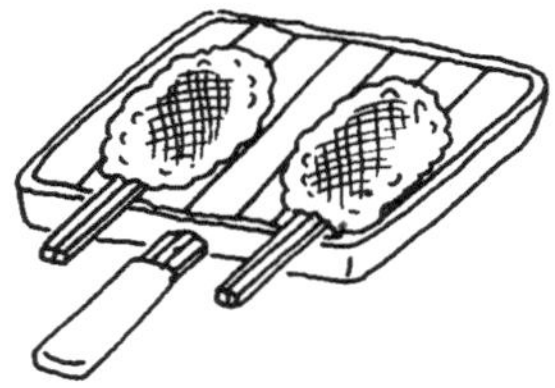

魚焼き網を十分に熱しておいてもちの両面にこげめがつくまで根気強く中火で焼く。
（この作業が一番時間がかかる）

4

小なべに分量の信州みそ、卵、砂糖、しょうゆ、みりんを入れて、弱火で、こがさないようにに煮る。ねばりができたら火をとめる。
（たれのできあがり）
（これに、いりごまやクルミ、エゴマをすり鉢ですって、お好みで加える）

5

もちにたれをたっぷりとつけてあぶり、香ばしい香りがしてきたらひっくり返して、裏面にもたれをつけ再度あぶる。

6

笹をのせた皿の上にのせると雰囲気が出ておいしい!!
（熱いうちに食べるのがコツ）

徳田安伸「バケツ栽培の米でもできる、おもしろ加工」（『食農教育』6号）より

こねた上新粉　ぼそぼそしていて、かたまりを2つに手でひっぱると、ボロッという感じで2つに割れてしまう（撮影：赤松富仁）

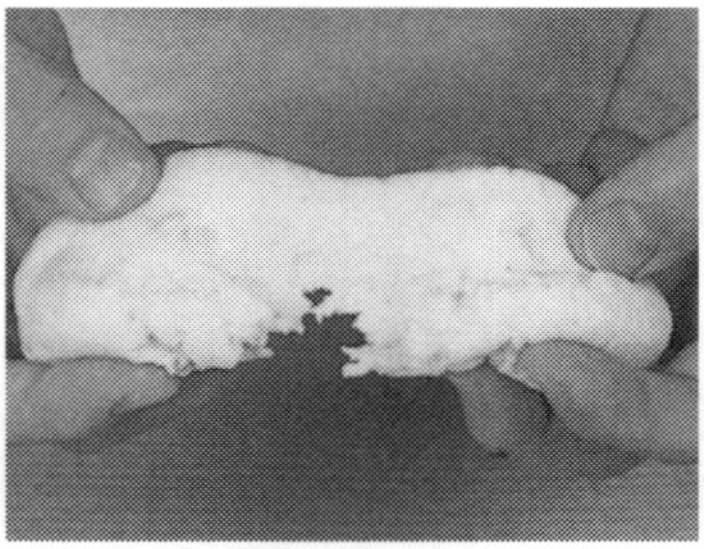

こねた白玉粉　ねっとりしているけれど、おもちみたいにのびたりしない。横にひっぱるとぼろぼろと切れる

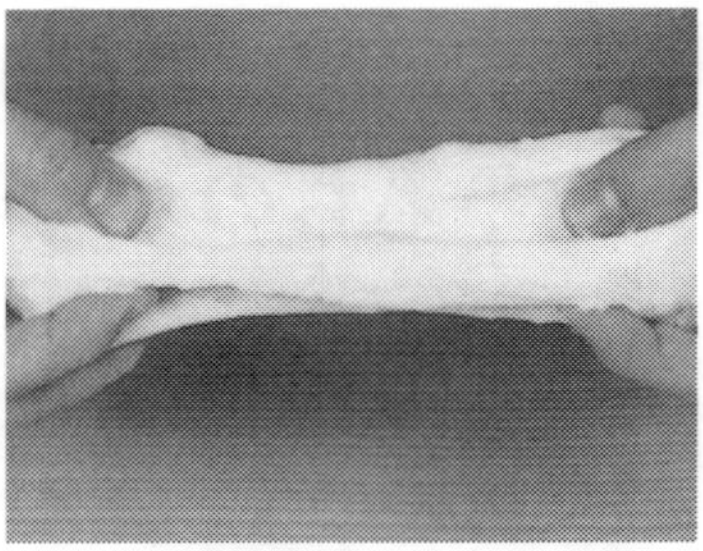

こねた小麦粉　ねばりが一番強く、ひっぱると切れることなく、どんどんのびる。小麦粉からつくるそうめんは、こうやって何回ものばして細くしてつくったものだ

適量。かために炊いたごはんにカタクリ粉をまぜ、ビニル袋に入れてつぶすところからはじめて、九〇分ほどで完成することができる（前頁の図参照）。

秋田県の郷土料理であるきりたんぽも、ほぼ同じような手順でつくることができる（本誌第二号四九頁参照）。このふたつは一二四頁の表ではいずれもうるち米をつぶして食べる調理法に分類される。

お米を粉にして食べる方法もぜひやってみたい。上新粉、白玉粉、小麦粉でだんごをつくってみる。うるち米の粉を上新粉、もち米の粉を白玉粉という。上新粉はさらさらしているように見えるがさわるとけっこうザラザラしている。白玉粉はごつごつした固まりがいっぱいだ。小麦粉がいちばんしっとりサラサラしている。同じ白い粉のように見えても、さわってみるとその違いがよくわかる。水をまぜて、こねてみると違いはさらにはっきりする（小麦粉、白玉粉、上新粉の順でねばりが強い）。子どもたちはこねたり、つぶしたりするのが大好きだ。お米の調理は子どもたちにぴったりの作業である。触覚を中心に五感をフルに使ってお米を感じさせたい。

あられや甘酒をつくるとさらにお米の世界が広がる。あられは切りもちをピーラー（野菜の皮むき器）で薄切りにして、オーブントースターで焼き、醤油をつけてさらにオーブントースターで乾かせばよい。甘酒はもち米を炊飯器を使って三倍量の水で炊き、少しさまして米こうじをまぜ、炊飯器のまま五〇～六〇度に保温して八時間発酵させるとできる（『ぼくらのイネつくり④　料理とワラ加工』参照）。

データベースで五平もちときりたんぽについて調べてみる

米の加工に興味がわいたところで、それぞれ、関心のある料理（加工品）

について、詳しく調べてみることにする。しかし、インターネットの検索エンジンなどを使って「だんご」などと引いても、膨大な情報がヒットして、子どもたちは途方に暮れてしまう。もっと地域性の強い郷土食について調べようとすると的確な情報が少ない。

そのようなとき農文協のインターネット「ルーラル電子図書館」(http://lib.ruralnet.or.jp)「日本の食生活全集」のガイドにアクセスすると、調理別に各県の代表的な郷土食を見ることができる。さらに「ルーラル電子図書館」の会員になるか、「CD―ROM版日本の食生活全集」を購入すれば、膨大な料理の写真やレシピを利用することができる（最近、「日本の食生活全集」のデータベースを料理別に全二〇巻に編集した『ふるさとの家庭料理』も完成した。もち・雑煮といった料理ごとに、全国の郷土食を一日で比較することができ、便利である）。

同じお米をつぶした料理でも、秋田ではきりたんぽが、長野・岐阜と愛知では五平もちが生まれた。また、同じ五平もちでも長野と岐阜と愛知では形がちがっている。このようなちがいはあっても、炊いた米を無駄にせず、できるだけおいしく食べようという工夫であることは共通している。郷土食を学ぶときはこのような共通性と差異に気づかせたい。

岐阜県恵那地方の五平もちづくり。丸いもち2つを竹串に刺し、たれをつけて焼いている。長野県伊那谷のも同じ形だ

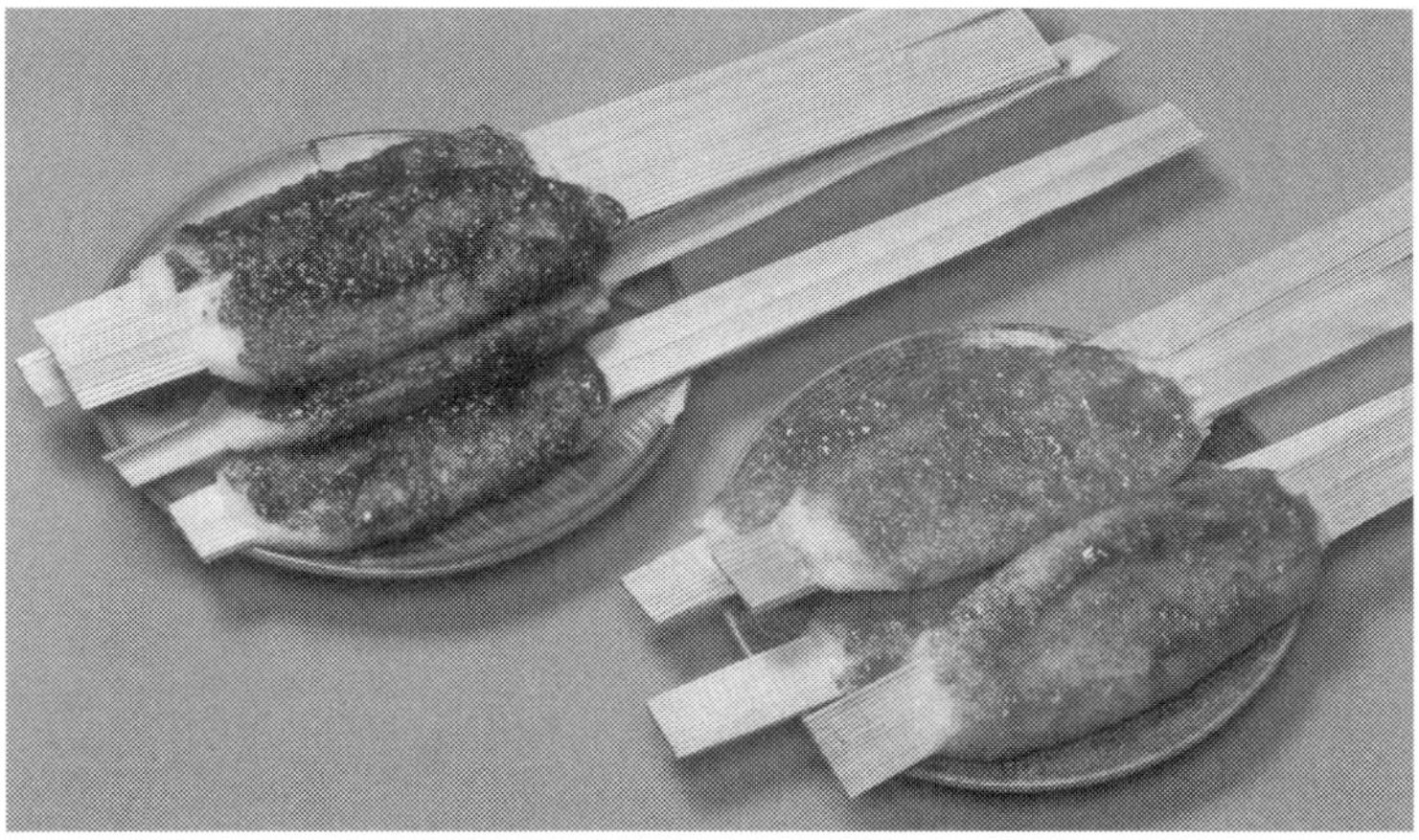
平べったい形をした愛知県山間地方の五平もち
「ルーラル電子図書館」から、撮影はいずれも千葉寛

発展

桜もちつくりから食の安全性へ

編集部

徳島県上勝町立上勝小学校の藤本勇二先生は棚田で収穫した米を使って桜もちをつくった。藤本先生が桜もちをつくろうと思ったのは、岡山県加茂川町御北小学校の日野秀先生が毎年校庭の桜の葉を使って実践していることを本誌で読んで、自分もやってみたいと思ったから。

まず、四月に四年生と、進級のお祝いに桜もちをつくった。子どもたちは、秋には自分たちが育てたもち米で「きゅーきょくの桜もち」をつくり、お世話になった方々にふるまいたい、と意欲をもった。桜の葉っぱは塩漬けにして保存しておいた。

ここまでは藤本先生に期待した通りの展開だったが、子どもたちは桜もちの皮を染めたときに少量で鮮やかなピンク色が出る食紅に関心をむけた。お菓子などに使われる着色料について調べていくうちに、自分たちのつくる桜もちに食紅を使うべきかどうか、安全性をめぐって議論が巻き起こった。

毎日の給食の献立を考えてくれている栄養士さんの「安全性に問題があるかもしれないものは使いたくない」という言葉に動かされ、梅酢、紅花など、自然の素材で色づけする研究もしてみたが、二、三日で色あせてしまったり、腐ってしまったりした。今度は食紅の見直しが起こる。食紅会社や製菓会社、江戸時代から続く老舗の和菓子さんにも手紙で問い合わせてみた。

いろいろ試した結果、紫イモや赤米、小豆で染めた桜もちに隣町の和菓子屋さんが「これならお客さんに出してもいいでしょう」と合格点を出してくれた。色はピンク色にはならなかったが、子どもたちは「これならお世話になった人に出してもいい」と納得したのである。（編集部）

※詳しくは、『食農教育』二〇〇三年一月号四二頁の記事をご参照ください。

桜もちをつくる（上勝町立上勝小で）

2月

一年をふり返る

4月からいろんなことがあったね。
あらっ、この顔に泥をつけているのはひょっとして……。

2月　オリジナル新聞をつくる

編集部

　一年の学習をふり返り、まとめ、発信する。ポスターセッション、紙芝居、三世代交流集会、本づくり……。本誌でもこれまでさまざまなプレゼンテーションのもようをお伝えしてきた。伝える対象と素材を吟味して、相手にわかりやすく伝えるにはどの方法がよいのか。まずは子どもたちといっしょに考え、選んでみることだろう。

新聞づくりの手順

　最近はＮＩＥ（教育に新聞を）運動も盛んだ。光村図書の国語教科書などでは、四、五年生で新聞づくりに関する題材も紹介されている。国語で基本的な文章の書き方を学習してから、これまでのバケツ稲学習を新聞形式でまとめてみるのも一つの方法だろう。

　長野・佐久市立岩村田小学校の小林昭寛先生は、毎年活動のまとめとして手づくり新聞を発行している。小林先生に新聞づくりの手順を伺った。

①まずテーマを決めたあと、大きな紙に自分の書きたいと思った記事の要素をいくつか書く。
②一マス五㎜のＦＡＸ原紙を割付け用紙として、先に枠（構成）を決める。
③はじめての場合、できあがりの基本イメージを伝える。字の大きさを一マスに一字とし、見出しをどうするか、絵・写真をどこに入れるか、四コママンガを入れるのか、編集後記として感想を左下に入れるなど。
④文章とイラストができたら、画用紙にコピーして、そこに着色や写真の貼りつけをする（ＦＡＸ原紙のままだと破れやすいので、この方法がおすすめ）。

より説得力、勢いをもたせるには

　小林先生が感じる「おもしろい新聞」とは、足でかせいだ資料や生の声がでているもの。逆におもしろくないのは、本やインターネットの情報をただ写しただけのものだという。やはり、いかにオリジナリティあふれる作品をつく

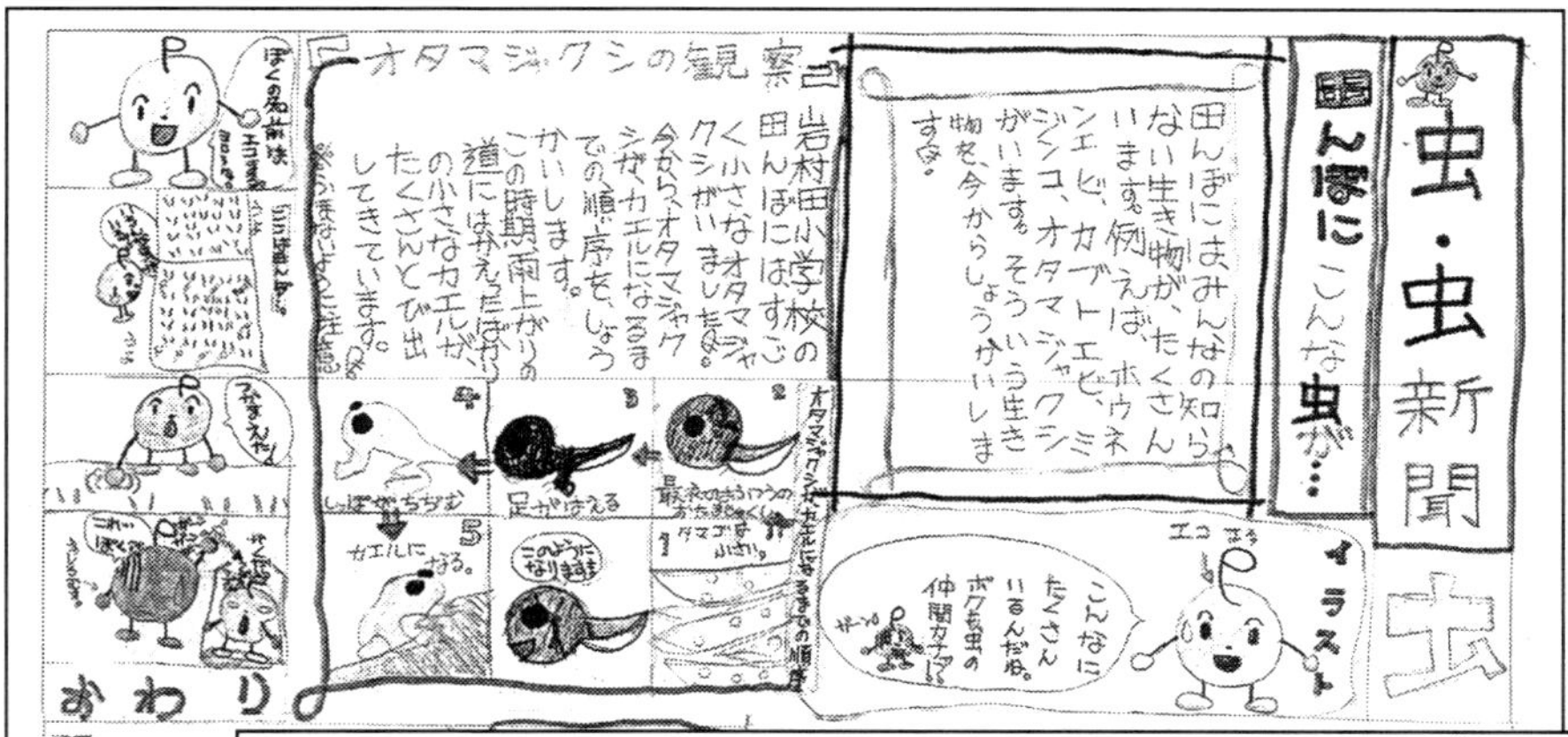

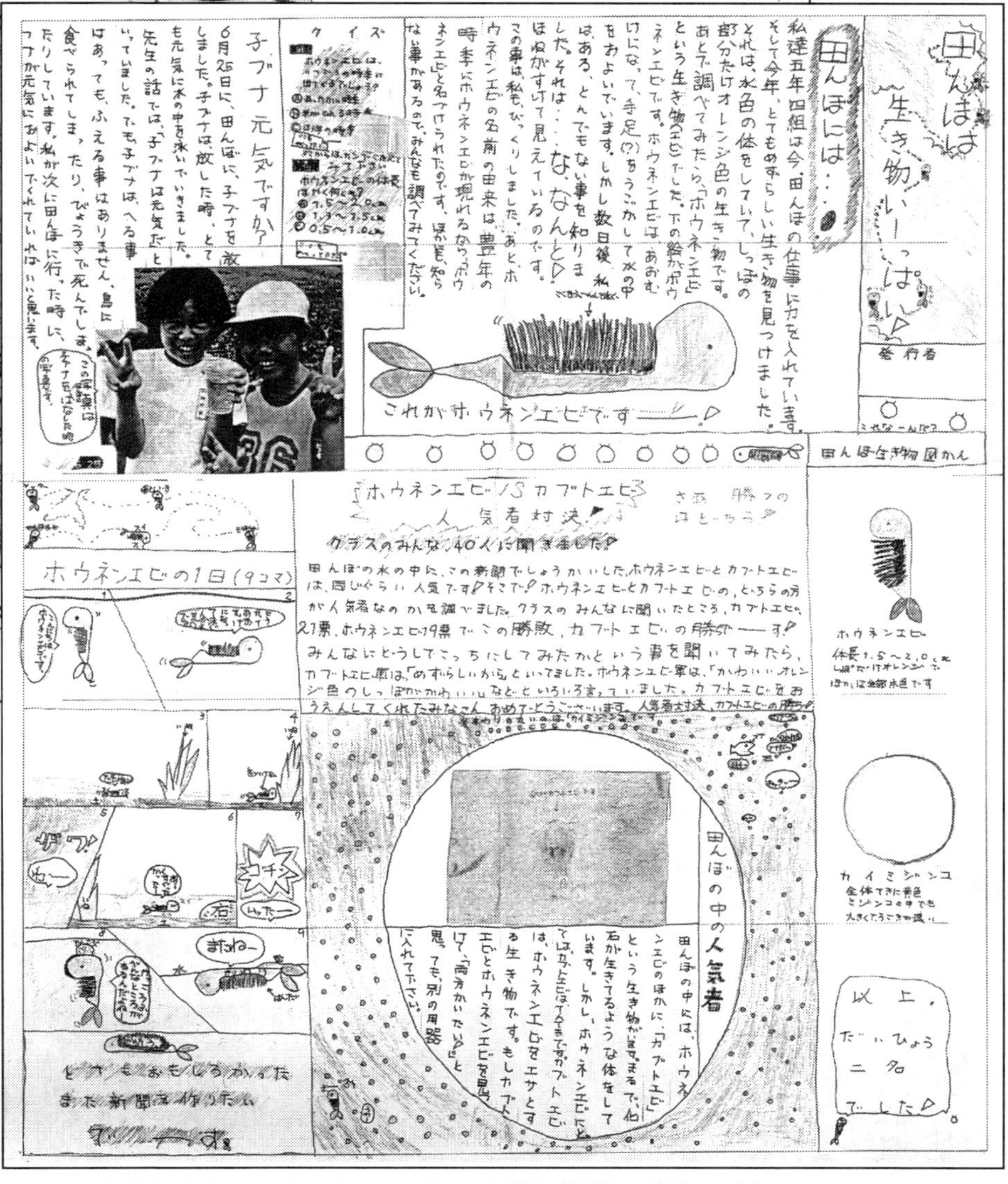

子どもたちのつくったオリジナル新聞（長野・岩村田小）

2月

ることができるかがポイントだ。

バケツ稲の学習は、栽培そのものが一人ひとり固有の体験だ。オリジナリティは自ずとでてくる。年間をとおした自分の農事暦を入れたり、稲が呼び込む生きものの写真を掲載したり。記事の材料にはことかかない。

しかし、より説得力をもたせるには、そのつど観察カードに絵や感想を書いたり、草丈の長さや開花時間など、具体的な記録を残すことが必要だ。

また、農家や消費者の声を取材したり、米にかかわる祭りや伝統行事など、地域の生の情報を足で確かめると、より粋のいい新聞ができあがるだろう。

個性を生かした新聞づくりを

新聞づくりのよいところは、それぞれの工夫を生かせることだという。

一枚の新聞にも、さまざまな表現し方が盛り込まれている。言葉（タイトルや見出しのキャッチコピー）、文、統計資料、写真、イラスト、マンガ……、構成そのものも表現の一つだ。それぞれの子どもの得意な部分を、のびのびと楽しみながら描けるように指導することがポイントだろう。それでも悩んでしまう子もいるが、そんなときは、ていねいに見て、いい写真を大きく見栄えするように使うようすすめてやるという。

小林先生は十年ほど新聞を使った学習を続けている。きっかけは中学校の担任をしていたときだった。学級新聞の係りを決めて週一回発行すると、興味をもった子はスクリーントーンを使ったりして、とてもおもしろがって取り組んだことだったという。

新聞づくり。総合で一度やってみれば、他教科にも応用できる。学級経営にも有効な手段だ。

表現力高める スクラップブックづくり

まとめたものをみんなの前で発表するのも、また違った技能が必要だ。ポスターセッションなどで、まとめる過程はいい学習だったのに、本番の発表は棒読みで、見ていてちっともおもしろくない、という経験はないだろうか。

東京・江東区立南砂小学校。五年生担任の伊藤秀一先生は、スクラップブックづくりをとおして日常的に「伝える」活動を行なっている。ポイントは伝える中身よりも、伝える側の「思い」にあるようだ。

やり方は以下のとおり。
①大枠でテーマを決める。伊藤先生のクラスでは「自然環境」とした。
②ノートに新聞記事のスクラップやデジカメの写真などを切り貼りして、日付、新聞名のほか、毎日一言コメントを書いていく。
③一班（三～四人）ごとに毎日発表。一時間目が始まる前の一五分間を利用。そのため、教室にはOHCをつな

ポスターセッションで発表（愛知・梅坪小）

ぎっぱなしにしている。

④聞く側の子どもが評価を加える。たとえば、アイコンタクト（相手と目を合わせながら話す）、身振り手振り、声の大きさ、話のなめらかさ、受け答えについてなど。

⑤聞き手はどんな質問でもいいから投げかけて、話し手は答える。困ったら、黙り込まないで、なんとかごまかす（人間性を傷つける投げかけは、もちろん禁止）。

ただし、最初は話しやすいテーマ（思い出の写真）から始め、評価項目もアイコンタクトのみからスタートした。「内容は稚拙でもいい。伝えたい『思い』を引き出す」よう工夫することが大切だそうだ。

さまざまな立場からものをみる視点

「おかげで、だいぶへらず口がたたける子どもになりました」と伊藤先生

地域の人からの聞きとりを「知恵マップ」にまとめる（徳島・初草小）

は笑う。実はこの活動も、子どもたちの苦い経験からきているそうだ。

以前、石川・鳥取の小学校とパソコンによる交流学習をしていたとき、鳥取の学校のホームページに足のないカエルの姿が掲載された。さっそく、掲示板に意見や質問を書き込むと、案の定、農薬をまいたあとに見つかったものという。

「やっぱり農薬は危ない。やめたほうがいい」。

子どもたちは農薬の害について資料を集め、討論を重ねた。パソコンの掲示板だけでなく、テレビ会議で直接話して、鳥取の友達にも自分たちの調べた農薬の危険性を訴えよう。クラスみんなが賛同した意見だから、きっと交流先の友達もわかってくれると確信したテレビ会議だった。しかし――。

「農薬がないと害虫や病気がでて売り物にならない」。足のないカエルを発見した当事者たちは、こう主張したのだ。

消費者である自分たちと、生産に近いところに暮らす鳥取の友達。いろいろな立場からものをみる視点と、いかに相手にわかりやすく表現することが大事かを、子どもたちは実感したそうだ。

稲の秘伝書を下級生に

さて、一年の学習をまとめ、発信する学習。正直なところ、この時期、卒業式の準備も始まり、そこまでなかなか手が回らないかもしれない。

でも、ここまでがんばったバケツ稲づくり。寄せ集めの資料を適当に切り貼りしただけではもったいない。次年度に持ち越してもいい、くらいの構えで取り組んでみてはどうか。

五年生ならば、来年度四年生がまたバケツ稲づくりに挑戦するかもしれない。伝える相手を次年度の五年生と定めるのもおもしろい。自分たちの失敗も含めて、米づくりの秘伝書をつくって一人一冊、下級生にプレゼントするといったやり方もあるだろう。

どんなまとめが適当か、まずは子どもたちと考えてみたい。

3月

来年のプランを考える

これがわれわれ５年生がこしらえたバケツ稲の秘伝書であるぞ。
４年生はありがたく受け取るのじゃ。
でも、私たち、来年もやってみない？

3月

対談
バケツ稲から広がる世界

野田　知子（大東文化大学非常勤講師）
藤木　勝（東京学芸大学附属大泉中学校）

バケツ稲とつき合った一年が終わった。この小さなバケツから環境、社会、歴史、人々の暮らしが見えてきた一年だった。

藤木先生も中学校の総合的な学習の時間の講座で、バケツ稲を栽培し、収穫・精米し、ごはんを食べる授業を行なってきた。この授業を見学し、生徒にもインタビューをした野田先生とともに、この一年をふり返り、来年、どうやったらさらに学習が深まるか、構想を語り合ってもらった。（編集部）

まとめ　食べることをどう設定するか

野田　この前、中3の家庭科でバケツ稲を取り上げた授業を見学したんだけど、収穫した米だけでなく、買ってきた米も足して、おにぎりをつくって、みそ汁もつくって食べた。それだと米そのものに子どもたちの関心が向かないのね。そのクラスは給食のあとの授業で、おなかもすいていなかったから、残す子もいたりして。この実践では四クラスでいっせいにバケツ稲に取り組んでいて、収穫した米は一班にお茶碗一杯にしかならない。それで買い足したのだけれど、やはり収穫した米だけを、せいぜい塩をつける程度でシンプルに食べるのでないと稲を栽培してごはんを食べるところまで学ぶ授業の意味がなくなるような気がしますね。

藤木先生の授業では、先生が昔の米にまつわる思い出を話されている間に炊飯器から湯気が上がり、ごはんが炊き上がるいいにおいがただよってきた。それもよかったと思う。

藤木　後期は男の子四人が選択したんだけど、話は聞いていたかな。

野田　最初に先生が岩波のブックレット（渡部忠世「日本から水田が消える日」）を机の上にポンと置いて、「この写真の子どもはオレだよ」っていったでしょ。稲刈りあとの田んぼで子どもが遊んでいる写真だったわね。

藤木　それから自分の家の話をした。

収穫祝いに穫れたばかりの新米をついて食べたこと、三浦綾子の『泥流地帯』に出てくる収穫量や、米作り日本一と当時の平均収量のこと、田起こしをする万能や、苗を入れる魚籠《びく》、家族総出の農作業のこと……。

野田　知子

中学校の家庭科の教員を定年前に退職して、大学院で学ぶ。現在は大学の非常勤講師。都内の技術・家庭科の授業を観察したり、生徒にインタビューしたりしながら、研究中。最後に勤めた中学校で、校庭でのバケツ稲とあわせて、秋田への農業体験栽培修学旅行を行なった経験がある。

野田　けっして子どもたちにとっておもしろい話ではなくて、どちらかというと眠くなるような雰囲気なんだけど、真剣に聞いていたわね。

藤木　ちょっとしらけてなかった?

野田　あとで生徒に聞いたら、「先生の話がわかった。もしバケツ稲を育てないであの話を聞いていたら、眠っていただろう」と答えています。

藤木　やはり、稲や米にかかわっている時間の長さが思い入れと関係あると思う。四人は精米だけで四時間もかけていたからね。精米機を使ってたら、また違うと思うけど。

野田　それも、おいしくなかったらどうかな。やはり収穫した米を味わうのはすごく大事ね。M君は感想文で「いままで食べたお米は無意識に食べていたので、今日のは一生のうちで一番おいしかったよ」と書いていたわね。

展開

体験と農家をつないで

野田　バケツ稲を育てることで、種モミからスタートして稲を育てて収穫し、モミすりして精米して食べて、と

藤木　勝

中学校のベテラン技術科教師。今年度の総合（「知的探究科」）で「食糧生産と身近な食品加工」を担当（前期は15名、後期は男子のみ4名受講）。その一環としてバケツ稲の栽培から加工を試みる。来年度はバケツ稲に再度挑戦することを計画している。『技術教室』誌の編集長でもある。

バケツ稲のごはんをかみしめる

一本の体験の糸が通ったわけね。しかしバケツ稲は、農村という社会・農村という環境からは切れている。そこでそこからの発展として、社会や環境とわたりをつける必要があると思う。藤木先生は農家のご出身だから、ご自分の思い出を語ることで、体験と農村をつないだ。でも、ふつうの先生にそれは無理だから農家と出会うことが必要だと思うのよ。

そのために農村への修学旅行とセットにする。修学旅行でも田植えなどの農作業を体験するけど、あれは農業を体験しているわけではない。ひとつは田んぼや農村の環境を肌でつかむこと、もうひとつは農家の人と出会うこと。農業体験で何が得られるかを調べるため、ある中学校の秋田への修学旅行に同行して、帰りの新幹線のなかで、子どもたちにインタビューをしたことがあった。ある子どもは「両親は稲には五人の神様が宿っていると言ったけど、五人どころでなく、もっといっぱいいると思った」と言うんですね。子どもたちのやったことは田植えですが、農家の人や行動や言葉を通して農業、稲、米などを見ていたのですね。

中学生ならそこからそれぞれ減反とか、世界の米とか課題を見つけて、調べ学習をしていくとよいですね。

藤木　うちの四人も一年間、総合で食を学んできて、最後に一人一テーマで調べ学習をした。「食糧問題」という名の講座だけど、とてもそこまではいかない。「どんな小さなことでもいいから自分で課題を見つけてごらん」といって出てきたテーマが、「米の品種改良」「稲の病気」「米が出てくる熟語」など。Yくんが調べている「米が出てくる熟語」は、『広辞苑』で米が出てくる言葉を調べるという単純なテーマだけど、私が「米づくりには八十八の手間がかかる」という話をしたのがきっかけになったみたいだね。

野田　私は学習の場面で、人が介在することがすごく大事な気がする。ただ、いま二〇代から三〇代に先生は、麦飯なんか食べていないし、藤木先生みたいには自分の体験を語れないと思うのよ。それでゲストティーチャーが必要なのね。前にいた学校でバケツ稲をやったときも切実にサポーターがほしかった。それで稲つくりで有名な稲葉光國さんに電話して相談にのってもらったりしたんだけど、近くに農家出身の方がいるともっとよかったと思う。そういう人を紹介してくれるNPOがあるといいんだけど。

藤木　体験型の修学旅行を実現するに

は、学年団のコンセンサスも必要だね。一般的にはお仕着せの修学旅行に比べて、余計な仕事が増えるという感覚が強いから。

野田　学年だけでなく、学校全体でも了解が得られるとなおいいわね。私の前いた学校では、秋田での農業体験を取り入れた修学旅行をはじめるときに、最低三年間は続けることを学校全体で取り決めたの。学年の判断を優先させるという考え方もあるかもしれないけど、そのくらい続けないと、よかったかどうか評価できないでしょう。

導入　子どもにどこまで考えさせるか

藤木　去年はバケツ稲と比較するために、セメントをこねる舟で稲を育てようとして、市販の牛糞堆肥をひとつまみ入れたら、ガスがわいて稲が根腐れを起こしてしまった。堆肥を入れるのは作物にとっていいだろうと、一般論で考えてしまったのが失敗のもとだった。自分の体験をよくふり返ってみれば、堆肥を入れたのは代かきの直前ではなくて、冬の間だったのですね。

　幸い、子どもたちのバケツ稲は化成肥料だけで育てたので無事だったけど。

野田　前の学校で育てたときは荒木田土がいいと聞いて、黒土とまぜて使ったけど、土はとても大事ですね。どんな土がいいか、子どもに考えさせるのもいいかもしれませんね。

　青梅市立河辺小学校の北村先生はバケツ稲の学習の立ち上がりのときに子どもたちに自分がこだわる栽培方法を考えさせて、それを米袋のデザインとして表現させたのね（一〇二頁参照）。おもしろいアイデアだと思う。藤木先生はどんな土がいいか、ご自分で考えて、結果としては失敗しちゃったんだけど、来年のスタートでは、子どもたちにどんな土がいいか、考えさせてもいいかもしれないわね。

藤木　科学的な比較実験というよりは、こだわりを持つことで、自分の稲に愛情を持てるようになるということだよね。その結果として、どうしてよかったか、悪かったか、自分なりに理論づけるということ。しかし、最後に食べさせたい、稲つくりの締めくくりを大事にしたいと考えると、躊躇する気持ちもある。

　そうかといって、教師があらかじめ選んで三種類くらいの土から選ばせるというのでは、〝やらせ〟になってしまって、子どもの意欲は引き出せないし。

野田　たしかに、子どもが自分の考えにこだわりすぎて失敗するってこともあるわね。やはり、最後に少しでも収穫を得て食べさせてやりたい、「おいしい」という実感を持たせたい。となると、教師のカバーも必要になってくる。一案としては、比較実験用のバケツとスタンダードなバケツの二本立てにするという考え方はあるわね。

いずれにせよ、最低押さえるべき条件と子どもたちに許容するところの兼ね合いは本当に難しい。農業というのは先人の知恵の集積なのだから、ある程度まではそこに学ぶというところがあっていいと思うんだけど。

意欲　科学的知識と感性の両方に働きかける

藤木　あとは夏休みにどう稲に子どもが向かっていくか。去年の夏休み、子どもたちは二人ペアで五回も水やりに出てきた（前期に選択したのは高校生も含めて一五人）。そのときに必ずデジカメで写真を撮らせたんだけれど、これはたしかに水やりにきたという証拠写真でもあったのね。二人ほどあやしいのがいたけどね（笑）。この講座は〝臨時集合〟が多かったけど、子どもたちはよくがんばったと思うよ。

野田　私は前にバケツ稲を子どもたちと育てたときに「稲に話しかけてごらん。一日一回声をかけるのよ。何んでも愛情が大事よ」って言ってたわね。本当は声の波動のせいで生育がよくなるんですってね。

藤木　草丈が伸びるのを見るだけではやはり子どもの意欲は持続しない。観察のポイントは教師のほうで示してやらなければならないね。観察記録をつけさせるといっても、子どもたちはそういうことにあきあきしているところがあるからね。むしろ、どんな場面に出合わせるかが大事だね。

北海道の品種を関東で育てると、夏休み前に開花が見られるというし（六二頁）、穂がふくらんだところを見せたり、穂の赤ちゃん（幼穂）の観察（六四頁）もおもしろいね。

野田　そうなると科学的知識だけでなく、人間の成長と稲の成長を重ね合わせるような感性にかかわってくるわね。

（文責・編集部）

すぐに役立つ

情報コーナー

バケツ稲にかかわる資材や人、資料を提供してくれる団体・企業、地元のおすすめ品種、本誌のプランのもとになった学校、参考になる本・ビデオなど、授業づくりをサポートする情報を集めてみました。

バケツ稲応援団情報

1　栽培と観察

▼バケツ稲づくりネットワーク・JA全中（全国農業協同組合中央会）

バケツ稲の育て方の説明やコンテストの記録、バケツ稲申込み方法を知ることができる。リンク集もつくっている。

http://www.zenchu-ja.org/

▼種や苗の入手

JAや市町村農務担当課、普及センター（農業改良普及センター）などに問い合わせて、入手先を教えてもらう。地方ならではの品種の種の入手法なども相談するとよい。地域の米づくりの「栽培暦」が入手できれば、作業計画を立案する参考になる。都道府県の農業試験場など試験研究施設でも地域で栽培されているいろいろな品種の種モミを入手できる。

【活用例】三重県大安町丹生川小学校では三重県科学技術振興センター（農業研究部）に問い合わせて県内で栽培されている十数品種の種モミを入手して比較栽培をした（三重県科学技術振興センターは、農業や工業などの試験研究施設を統括して発足した機関）。さくらキッズプロジェクトの出前科学体験教室もあり、稲の品種づくりの担当者などがお米の品種を当てるクイズなどのプログラムを実施している。（四二頁、九〇頁）

▼JAによる栽培指導

JAでは米農家や営農指導員が地域の先生として栽培指導していることがある。また、出前出張するケースもある。

【事例】宮城県角田市の農協青年部（仙南地区農青連）と東京・目黒区の小学校の都市農村交流では、先生向けの農業体験学習コースもある。農家でモミすりをした玄米の袋詰めを体験などもしている（六八頁）。

【事例】「JA古川」では古川市内の小学校にササニシキの種を配布し、組合員や職員がバケツ稲づくりを指導する。青年部は東京・品川の小学校での出前指導も。

【事例】山形県のJA庄内みどりでは社会科の教科書で庄内地方を紹介されると、子どもたちからの問合わせが多くなった。ホームページ「みどりネット」がきっかけで青年部と横浜、東京・板橋の小学校などとの交流が始まっている。夏休みには二泊三日の「庄内まるかじりツアー」で児童、保護者、教師が民泊や農業体験も（六九頁）。

▼農家の先生を探す

地域の農家の情報はJAや市町村役場の農務担当課が持っている。積極的に農業に取り組んでいる農家や、アイガモを田んぼで飼うなど独自の工夫をしている農家を紹介してもらうようにしたい。

▼有機農業の農家を知る

有機農業に取り組む農家の情報なら「日本有機農業研究会」（有機農業に取り組む農家などのための全国組織）に連絡するとよい。

TEL　○三−三八一八−三○七八
FAX　○三−三八一八−三四一七
http://www.jca.apc.org/joaa/

▼アイガモ農法の農家を知る

アイガモ農法に取り組む農家や研究者の全国組織「全国合鴨水稲会」に問い合わせる。

TEL・FAX　○九九−二八五−八五九一（鹿児島大学農学部・萬田正治気付）
http://carrot.memenet.or.jp/aigamo/

【ヒント】説明のじょうずな農家を探すコツ　産直をやっている農家は、消費者とつき合いがあるので説明も慣れている。質問にもうまく答えてくれる。

【ヒント】米屋さんから熱心な稲作農家を紹介してもらう　お店に農家の名前を出して販売している米屋さんは、熱心な稲作農家と直接取引きしている。米屋さんのネットワークから農家を紹介してもらうとよい。こうした農家は、生産だけでなく流通も手掛けていて、仕事の全体を話してもらえる。

【事例】自然を生かす有機栽培農家の考えを聞く　盛岡市立山王小学校では、稲の益草、害草を知るために保護者から有機無農薬栽培の農家、渋田長《たけし》さんを紹介してもらった。「共存共栄で益草も害草もない」「人がお手伝いをしながら雑草が生えなくていい環境をつくってやった」と自然を生かした農業を子どもたちに伝えている（六六頁）。

▼田んぼの学校（田んぼの学校支援センター・農村環境整備センター内）

「田んぼの学校」支援センターでは、田んぼや水路、ため池、里山などを遊びと学びの場として活用する援助をしている。地域の特性を生かして、環境に対する豊かな感性と見識が持てる人を養成する。「田んぼの学校」企画コンテストも実施。

TEL　○三−五六四五−三六七一
FAX　○三−五六四五−三六七五
http://www.acres.or.jp/tanbo/

▼「ミニ田んぼビオトープ」キット

NPO法人メダカのがっこう（年会費二五○○円）の会員に限り販売。

不耕起栽培の田んぼを発泡スチロールで再現し、田んぼの生命循環を観察する（一個六○○○円＋送料）。ワラ、田土キット、古株などのキットとマニュアル、テキスト「分校長ノート」、不耕起栽培用の苗、有機質肥料がセットとなる。メダカの学校「分校長ノート」（子ども向け）は会員価格二五○円＋送料で別売もする。学校水田用の苗を提供するほか、田んぼの生きもの観察会、職員や農家による出張授業の相談にも応じる。メダカの預託もしている。

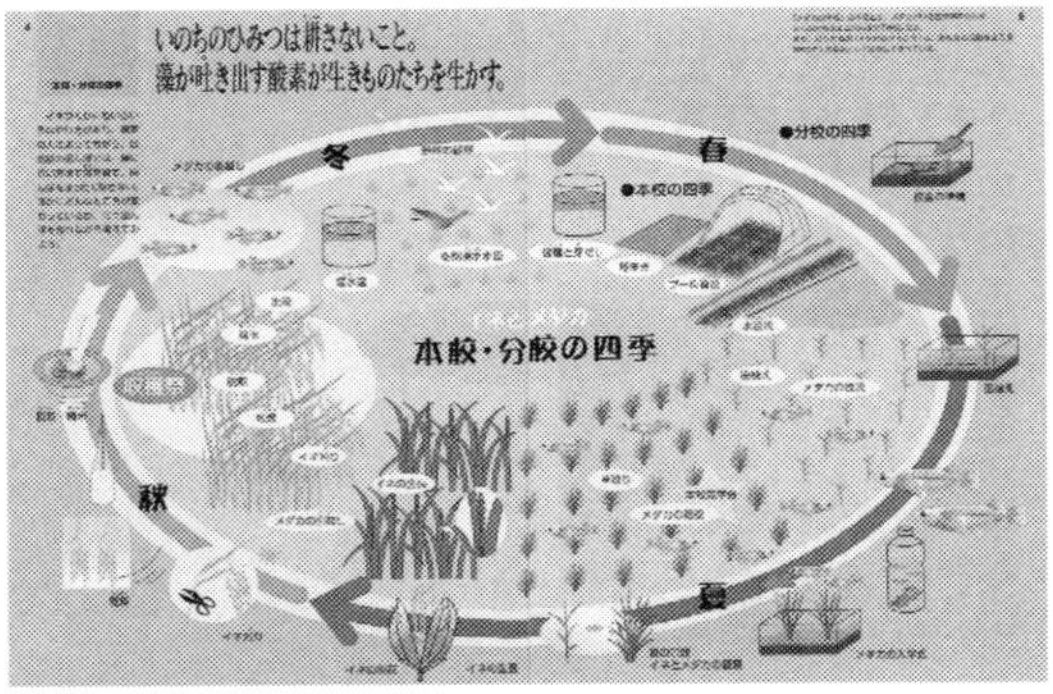

「分校長ノート」より

TEL　○三−三五六九−二三一二
FAX　○三−三五六九−二三一三

▼水土里ネットによる農業用水などの解説・見学

土地改良区（水土里ネット）は、食料の安定供給のため、必要な用水や農地を確保するとともに、その機能が十分に発揮されるように水利施設を管理している農家の組織。農を通した体験学習や施設の見学、農業用水や地域環境の解説などの総合学習への援助を行なっている。

【問合わせ先】

全国水土里ネット（全国土地改良事業団体連合会）　〒一〇二―〇〇九三　千代田区平河町二―七―四　砂防会館別館４階

TEL　〇三―三二三四―五四七六

▼食糧事務所の職員による米の等級検査と精米体験

学校に精米機などの機械を持ち込み、モミすりや精米、そして等級検査の体験をさせてくれる（一〇二頁）。一方、昨年から民間検査がすすんでいて、その検査員の資格を取得したＪＡの職員が担当するなどのケースもある。

▼古代稲の研究情報

・古代稲の調査研究、赤米シンポジウムを開催。

日本古代稲研究会

TEL　〇九三―九六二―一二二三

FAX　〇九三―九六二―一三四九（林献了方）

・京都文教短大の安本義正教授が赤米を教育に生かすために発足させ、研究会を開催。

赤米文化教育研究会

TEL・FAX　〇七七四―二五―二四三八

・古代稲研究会の芦田行雄初代会長（岡山県総社市から入手した赤米の種モミの栽培に成功させた）が主宰し活動。

あかごめ学校

TEL　〇七七二―六五―二三五四（芦田方）

2　食と文化

▼世界の米、古代米の食べ比べを応援する米穀商

タイや中国、インド、イタリアなど世界の米、赤米や黒米といった古代米を売っている米穀店がある。自分たちがつくった米との食べ比べができる（九〇頁）。

にしら米穀店　〒六六九―一三五八　兵庫県三田市藍本四九三

TEL・FAX　〇七九五―六八―一八八九

http://www.nisira.com/gk/gk1.htm

3　まとめと発表

▼ＮＩＥ（Newspaper in Education）で新聞づくり

新聞を教材にする活動に応募すると、地元の本物の新聞記者の指導で「こめこめ新聞」や「バケツイネ新聞」などをつくり、情報発信できる。ＮＩＥ推進組織は都道府県単位で設けられている。

（財）日本新聞教育文化財団

TEL　〇四五―六六一―二〇三一

FAX　〇四五―六六一―二〇三九

http://www.pressnet.or.jp/newspark/index.html

4　出前講座の講師の派遣

▼農政局からの講師派遣

農政局　全国に七つの地方農政局（農水省の出先機関）があり、それぞれ出前講座や栽培の相談など事業を展開している（それぞれの農政局のホームページに、食農教育コーナーがあり、そこの出前講座の案内を参照されたい）。統計情報事務所、統計情報出張所では地域に密着した出前講座用のテキストも作成している。

東北農政局

http://www.tohoku.maff.go.jp/

関東農政局

http://www.kanto.maff.go.jp/

北陸農政局

http://www.hokuriku.maff.go.jp/

東海農政局

http://www.tokai.maff.go.jp/

近畿農政局

http://www.kinki.maff.go.jp/

中国四国農政局

http://www.chushi.maff.go.jp/

九州農政局

http://www.kyushu.maff.go.jp/

統計情報事務所・食糧事務所・森林管理局　それぞれ出前授業を行なっているが、問合わせは右記の農政局のホームページを利用する。

【事例】北陸農政局金沢統計出張所では食農教育テキスト「ポットで稲を育てよう」を作成。写真を多用し、栽培や観察のポイントをわかりやすくアドバイスしながら、作物を育てる楽しさ、発見のおもしろさが味わえるような展開となっている。

【事例】中国四国農政局の「トンボ博士」の出前授業は、職員がトンボ博士となって小・中学校へ授業の出前をする。「トンボ博士」と一緒に学ぼう講座で、バケツ稲の栽培も教えている。

5　地域の米の統計情報

▼統計資料の入手

市区町村単位での農業のあらましは、農水省のホームページ（http://www.maff.go.jp/）で知ることができる（統計→資料・統計→統計情報→地域情報「市町村の姿」→統計データを見る→都道府県→県名あるいは市町村名を選ぶ）。「二〇〇〇年世界農林業センサス」などをもとにした農家数や農家人口、田の面積、水稲の作付面積、収穫量などがわかる。

【ヒント】世界農林業センサス

一〇年ごとに国際条約に基づいて実施される。その中間年に農林業センサスを実施することで五年に一度の調査という形になる。

6　収穫後の調製

▼モミすり

おいしい米を食べたかったり、米を売ろうとしたりする場合は、モミすり器を利用すると、割れたりせず、きれいにモミすりができる。

【TR−一二〇】小型軽量の試験用モミすり器。価格六〇〇〇〇円（税抜き）。

【TR−二〇〇】モミをホッパーに入れるだけで、モミがらと玄米を短時間で分離する電動式モミすり器。一回当たりのモミすり量は二〇g。価格四万円（税抜き）。

【問い合わせ先】

（株）ケット科学研究所

〒一四三−八五〇七　大田区南馬込一−八−一

TEL　〇三−三七七六−一一一一

▼精米

家庭用精米機があると、簡単においしく精米でき、ぬかもとれるので便利。

【精米機】奥薗壽子氏も紹介している（九四頁）タッパーウェア社製の家庭用精米機。手入れ・精白度の調節が簡単にできる。価格五万五二三八円（税抜き）。

【問い合わせ先】

日本タッパーウェア（株）

〒一〇六−八六一六　港区西麻布二−二四−一一麻布ウェストビル

TEL　〇一二〇−二五二−五三一

▼ワラ編み

稲・麦ワラ、ケナフの茎・表皮を俵・こも・むしろなどに編んで、加工する道具がある。

【編みっ子のら】編み台、糸巻き、編み糸（ケナフ繊維）に編み材二セットで七五〇〇円（税抜き）。

【問い合わせ先】

（株）ユニパアクス

〒一〇三−〇〇二五　中央区日本橋茅場町二−六−一

TEL　〇三−三六六七−三九五一

FAX　〇三−五六九五−一九三九

（文責・西村良平）

育ててみたい地元のお米

（平成14年産水稲うるち米の農産物検査法に基づく品種銘柄区分より）

【甲信越・北陸地方】

【福井】
日本晴
ハナエチゼン
【石川】
ほほほの穂
能登ひかり
スノーパール
【富山】
とやまにしき
夢ごこち
【新潟】
コシヒカリ
はしり味
ゆきの精
こしいぶき
【長野】
きらりん
ゆめしなの
【山梨】
農林48号
こいごころ

【北海道】

きらら397
ゆきまる
ほしのゆめ
彩

【東北地方】

【青森】
つがるロマン
むつほまれ
むつかおり
【秋田】
あきたこまち
でわひかり
【山形】
はえぬき
どまんなか
里のうた
はなの舞い
【岩手】
ゆめさんさ
かけはし
【宮城】
かぐや姫
おきにいり
ササニシキ
まなむすめ
【福島】
はたじるし
まいひめ

【近畿地方】

【滋賀】
秋の詩
びわみのり
【京都】
ミヤコ95
祭り晴
【大阪】
ヒノヒカリ
祭り晴
【兵庫】
金南風
中生新千本
ヤマビコ
【奈良】
ホウレイ
アキツホ
【和歌山】
キヌヒカリ
日本晴

【関東地方】

【群馬】
ゴロピカリ
家族だんらん
【茨城】
ミルキークイーン
ゆめひたち
【栃木】
晴れすがた
ひとめぼれ
あさひの夢
【埼玉】
あかね空
さきたま姫
【千葉】
初星
ふさおとめ
夢ごこち
【東京】
アキニシキ
月の光
【神奈川】
キヌヒカリ
アキニシキ

【東海地方】

【静岡】
ふじの舞
吟おうみ
【岐阜】
ハツシモ
白雪姫
みのにしき
【愛知】
葵の風
祭り晴
大地の風
【三重】
どんとこい
みえのえみ

【四国地方】

【愛媛】
こいごころ
松山三井
コガネマサリ
【高知】
ナツヒカリ
黄金錦
【香川】
つぶより
オオセト
【徳島】
あわみのり
キヌヒカリ

【中国地方】

【鳥取】
ヤマホウシ
おまちかね
ヤマヒカリ
【島根】
ときめき35
チドリ
祭り晴
【山口】
晴るる
ヤマビコ
【広島】
あきろまん
こいもみじ
【岡山】
朝日
吉備の華
アケボノ
中生新千本

【九州・沖縄地方】

【福岡】
夢つくし
ほほえみ
つくし早生
ミネアサヒ
【長崎】
かりの舞
あさひの夢
【大分】
こいごころ
ユメヒカリ
【佐賀】
夢しずく
さがうらら
【宮崎】
きらり宮崎
ほほえみ
ミナミヒカリ
【熊本】
森のくまさん
夢いずみ
いただき
バンバンザイ
【鹿児島】
ヒノヒカリ
はなさつま
【沖縄】
チヨニシキ
ひとめぼれ

高柳良三・高柳友子『お米ものがたり』をもとに作成　※東京については、奨励品種より紹介しました。

協力校一覧

	学校	校長	郵便番号	住所	電話番号	参照頁
宮城	仙台市立 茂庭台小学校	吉田利弘	九八二-〇二五二	仙台市太白区茂庭台四-一七-一	〇二二-二八一-一四二四	86
山形	藤島町立 藤島小学校	三井秀雄	九九九-七六〇〇	東田川郡藤島町藤の花二-一-一	〇二三五-六四-二一五六	150
福島	須賀川市立 第一小学校	吉田明宣	九六二-〇〇二三	須賀川市大黒町一〇〇	〇二四八-七五-二八五一	34
東京	目黒区立 不動小学校	鹿海　治	一五三-〇〇六四	目黒区下目黒六-一一-三五	〇三-三七一四-三五九四	50
〃	板橋区立 赤塚小学校	阿部好三	一七五-〇〇九二	板橋区赤塚三-一-一二	〇三-三九三九-〇〇四七	58・69
〃	杉並区立 堀之内小学校	小島　康	一六六-〇〇一三	杉並区堀ノ内三-二四-一一	〇三-三三一三-二二六四	62
〃	目黒区立 碑小学校	松本保枝	一五二-〇〇〇三	目黒区碑文谷一-一八-二	〇三-三七一四-一五九四	68
〃	江東区立 南砂小学校	篠原壮夫	一三六-〇〇七六	江東区南砂二-三-一二	〇三-三六四五-五〇〇八	74・132
〃	東京大学教育学部附属中等教育学校	三浦逸夫	一六四-〇〇一四	中野区南台一-一五-一	〇三-三三七七-三四一一	38・40
〃	東京学芸大学附属大泉中学校	高畑　弘	一七八-〇〇六三	練馬区東大泉五-二二-一	〇三-五九〇五-〇三〇〇	136
〃	羽村市立 羽村第一中学校	中村　清	二〇五-〇〇一五	羽村市羽中三-六-三三	〇四二-五五四-二〇一二	46
〃	青梅市立 河辺小学校	山本俊夫	一九八-〇〇三六	青梅市河辺町五-二四	〇四二-八二三-一二四五	76・78・102・116
神奈川	横浜市立 下永谷小学校	大平竹治	二三三-〇〇一一	横浜市港南区東永谷一-三六-一	〇四五-八二二-七三四四	8
〃	横浜市立 日枝小学校	河本建一	二三二-〇〇一三	横浜市南区山王町五-三二	〇四五-二六一-三七六四	22
〃	横浜市立 本町小学校	大平　力	二三一-〇〇六三	横浜市中区花咲町三-八六	〇四五-二三一-〇一四一	112
長野	佐久市立 岩村田小学校	高梨紀喜	三八五-〇〇二二	佐久市岩村田二六四一-二	〇二六七-六七-三三〇九	130
静岡	浜松市立 新津中学校	小笠原千賀子	四三二-八〇五八	浜松市新橋町七四八	〇五三-四四七-〇一二九	10
三重	大安町立 丹生川小学校	長野源悟	五一一-〇二六二	員弁郡大安町丹生川中一一八九	〇五九四-七八-〇二二四	42・90
徳島	上勝町立 上勝小学校	石立刮子	七七一-四五〇五	勝浦郡上勝町正木平間一七九	〇八八五-四五-〇〇〇三	128
熊本	七城町立 七城中学校	島村正明	八六一-一三五三	菊池郡七城町甲佐町六六	〇九六八-二五-二六二八	108

速報！　第48回青少年読書感想文全国コンクール

「時をこえたメッセージ」とは

―小学校高学年の部　全国学校図書館協議会長賞―

山形・藤島町立藤島小学校6年　菅原　萌

第四八回を迎えた青少年読書感想文全国コンクール（主催：毎日新聞社・全国学校図書館協議会）。課題図書に選ばれた『カブトエビの寒い夏』（谷本雄治著、農文協）からは、多くの入賞作品が選ばれた。そのなかで見事、全国学校図書館協議会長賞に輝いた、菅原萌さんの受賞作と、菅原さん一家のようすを速報します。（編集部）

表彰式後のパーティーで。著者の谷本雄治さん、お母さんと

受賞作

「寒い夏」の話を、去年先生から聞いたことがある。「平成の米そう動」だ。冷害で米が不足し、外国米を輸入したそうだ。私のうちは農家で、備蓄米があったため不自由しなかったそうだが「日本から米がなくなる」なんて話は、あまりにも非現実的な感じがする。

私は、一日三回、ほとんどご飯を食べている。別に、ご飯が大好きだから食べているわけではない。ご飯を食べることがふつうで、ご飯があるから食べているのだと思う。それ位、米があることがあたり前なのだ。でも、本当に当たり前のことなのだろうか。百年に一度の冷害も、次の年の豊作で忘れ去られる。減反、転作、農業人口の減少など、去年社会科や総合で勉強したが「米があるから食べる」というのん気な考えが、この本を読んでどこかへふきとんだ。
　私は、この本を読んで初めてカブトエビのことを知った。カブトエビがうちの田んぼにもいないかのぞいてみた。みつけることはできなかったが、カブトエビがえらみたいな足を休みなく動かして草をかる様子を想像してみた。除草のための農薬を、その分使わなくてもすむ。五年生の時、アイガモ農法や有機農法のことを勉強した。自然の力をうまく生かす。自然の中に人間もとけこむことができる農法は、安全でおいしい米のためにも、自然を守るためにも大事なことだと思う。

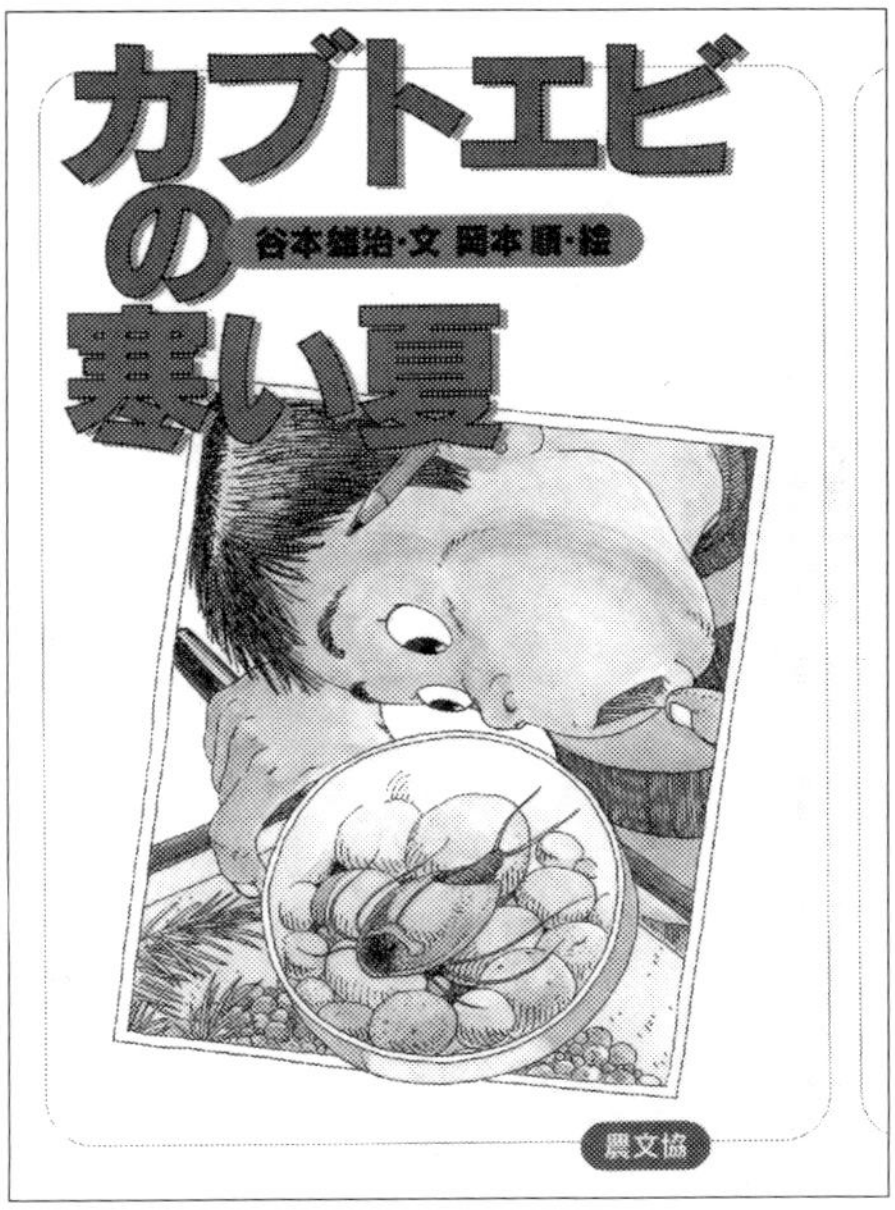

　カブトエビは、その小さな体の中に三億年の歴史と生きる知恵を持っている。三億年も前から地球上にいて、現在までその姿を変えずにきたそうだ。また、卵は何年も放っておいても水に入れるとちゃんと生まれるのだそうだ。そのカブトエビのことを、和彦は「ぼくたちがわすれかけていたことを伝えるために」やってきたと言っている。「時をこえたメッセージ」だと言うのだ。米の長い歴史の中で、大ききん等いろいろなことがあったのだろう。そこに生きる人たちは、そのつらさや苦しさをのりこえてきたのだろう。そうやって大切な田を守ってきたのだろう。でも、米が余り、減反をしなければならなくてくやしがり、しっぺ返しを心配するじいちゃんの姿。今がよければいいのではない。すごい歴史を米づくりは背負っていて、それを忘れてはいけないのだということを、一円玉ほどのカブトエビが教えてくれているのだ。

　私の家族は専業農家だ。農業のことは全く知らなかった母も、夜中までいちごを箱づめしたりと一生けん命だ。農業をほこりに思い精一ぱい働いている家族が、私にとってもほこりだ。家族が汗する庄内平野のどまん中に立ってみる。米の歴史がずっとつづいてきた一番先に、私の家族がいる。そしてこれから先もずっと、米の歴史がつづいていってほしいと願う。今がどんなに豊かでも、どんどん社会が変わっても、昔の人々の苦労や努力を忘れてはいけない。今私にできることは、歴史の重さを感じながらおいしい米と作っている人たちに感謝し、大切に食べていくことだ。

田んぼへのまなざしが変わりそう

■取材・まとめ　安間節子

■主人公とそっくりの家族

萌さんの家は専業農家。七haの田んぼと、ビニールハウスでイチゴ、葉物野菜、花の栽培をしている。家族構成は、お父さん、お母さん、おばあちゃん、大学三年のお姉さん、高校二年のお兄さん。お姉さんは東京で一人暮らしをしているから、現在は五人家族だ。

ちょうど『カブトエビの寒い夏』の主人公、耕平の家族と似ている。両親とじいちゃんのほか、高二の拓也と耕平の五人家族。萌さんと仲良しのお兄さんも、拓也と同じように進学して農家とは別の道を進もうと考えているらしく、まるで物語の家族のよう。耕平とわが身を重ね合わせながら、萌さんはこの本を読みすすめたにちがいない。

■藤島町の「寒い夏」

本のテーマとなっているのは、平成五年におきた大冷害の年のこと。つい最近のようだが、あのとき萌さんは三歳。専業農家の子どもといっても、実体験での記憶はない。しかし、稲つくりを生業としている家だけに、あの経験については、語り草のように言い聞かされているのかと思いきや、本を読むまでほとんど知らなかったのだという。

お父さんの信さんにそのときのことを聞いてみると、意外な答えが返ってきた。

「いやー、みんなあの年はびっくりしましたよ。お盆になっても穂がでない。秋になっても実が入らなくって、稲がまっすぐ立っている。でも、九月に入って天気がもち直したんです。晴れの日が続いて、気温もあがった。けっきょくこのへんは平年並みの収量までもち直しましたよ。

一部にはたしかにひどいところもあったようです。でも、作況指数というのは目で見て出しているにすぎない。流通操作なんかもあったらしいし、宣伝されているよりも、稲の実りそのものの被害は少なかったんじゃないでしょうか。このあたりでは、逆に野菜の生育はよかったくらいです」。

なるほど、自分の田んぼを見て、自

分の頭で理解するお父さんなのである。生産者としての自信と誇りを感じさせられた。

■著者の思いが届いた

そんなわけで、萌さんはあのできごとを両親からとくとくと聞かされたわけではない。学校で少し習った程度だったという。だから「『平成の米騒動』で学んだことを、幼い読者に伝えたかった」「カブトエビが三億年も同じ姿でいる『変わらないことの意味』も考えたい」という著者の思いは、本をとおして見事に届いたわけである。萌さんにとっては、「ご飯が大好きだから食べているわけではない。ご飯を食べることがふつうで、ご飯があるから食べてい」たこれまでの自分に気づき、両親の仕事である農業を見直す契機となった。

「『農業をほこりに思い精一ぱい働いている家族が、私にとってもほこりだ』なんて感激です」とお母さんの啓美さん。

「学校を出てみんながふつうに後を継いだ時代だったから、私も農家になった。今まで精出してただ働いてきたけれど、萌もしっかり見てくれていたんですね」とお父さんも受賞の喜びを語った。

■お父さんも読んでみようかな

感想文にもあるように、萌さんも実際に田んぼにでかけて探したが、カブトエビは見つからなかった。しかし、今回お父さんから衝撃的な発言が飛び出した。

「いやー、カブトエビとは知らなかったけど、田んぼでもときどき見かけたんですよ。あれは出る年と出ない年があるんだよなー」。

なんと、萌さん一家の田んぼにも、カブトエビはいたのである。

「学校では田んぼの水をとってきて、顕微鏡でミジンコを観察したりした」という萌さん。いっぽうお父さんは言う。

「田んぼの水を顕微鏡で見たことなんてないですよ。ドジョウくらいしか目につかなかったなあ。しかし、あの本を読んで改めて農業のことを考えてみるのもいいですね」。

どうやら、カブトエビは農家のお父さんにも「時をこえたメッセージ」を送りそうな気配である。

ビニールハウスでアスパラ菜の収穫を手伝う

本書は『食農教育』2003年4月増刊号を単行本化したものです。
記事内容および執筆者、登場する方々の所属等の名称は、2003年3月時点のものです。

バケツ稲　12ヵ月のカリキュラム

2006年2月28日　第1刷発行

農文協 編

発行所　社団法人　農山漁村文化協会
郵便番号　107-8668　東京都港区赤坂7丁目6−1
電話　03(3585)1141(営業)　03(3585)1145(編集)
FAX　03(3589)1387　　振替　00120-3-144478
URL http://www.ruralnet.or.jp/

ISBN4-540-05317-5　　DTP製作／(株)新制作社
〈検印廃止〉　　印刷・製本／凸版印刷(株)